怪談社THE BEST
鬼の章

伊計 翼

竹書房
怪談
文庫

目次

信念の話

当人たちの問題を他人がどうにかできるものではない。

例え頼まれたとしても口をはさまないほうがいい。かかわるべきじゃない。

男性は日頃から信念としてそう思っているが、住職にお祓いを断られたときだけは必死で頼み込んだ。住職は「かかわりたくない」と男性と同じ信念を示した。

初夢の話

E子さんは年始の初夢を怖がっている。
細かい会話は覚えていないが、亡くなった親せき一同が必ず夢に現れるから。
しかし、E子さんの夫はもっと怖がっている。
夢をみているとき妻が「多分まだ死なない……うちの旦那」と寝言をいうから。

訪問する赤子

E子さんがひとり暮らしをしていたころ、こんなことがあった。

ある夜、深夜番組を観ていると、玄関からドアを叩く音が聞こえてきた。時間は午前一時。こんな時間にやってくる友人はいない。インターホンがあるのに、それを鳴らさないのも奇妙だった。不審に思いながらもE子さんは玄関に近づき、

「どなたですか?」

怖々と声をかけたが返事はない。

しばらく沈黙が続いたあと、またドアが叩かれる。トントンというよりは、てのひらでペタペタと叩く感じのノックだった。E子さんは覗き穴から相手の姿を確認しようかと思ったが、いいようのない不安に襲われてドアに近づくことができない。

気持ちが悪いので部屋にもどり、そのまま無視することにした。

奇妙な音はそれから何回か続いたが、いつの間にかやんでいた。

翌朝になって出勤しようと外にでると、なにかが落ちている。

(子どもの玩具?)

赤と黄色のそれを拾いあげると、赤ん坊のおしゃぶりだった。

ワンルームマンションにどうしてこんな物が落ちているのか理解できなかったが、とりあえず床にもどしておいた。鍵をかけようとして息を呑んだ。玄関のドアにちいさな手形がびっしりとついている。どうみても赤ん坊のものだった。

すぐにでも拭《ふ》きとりたいが時間がない。

電車で会社にむかいながら、なぜドアにあんな手形がついていたのか考えた。

もしかして昨日の訪問者がつけたものなのだろうか――。

いろいろと想像が膨《ふく》らんだが、結局いったいなんなのか答えはでなかった。

仕事からもどると管理人が拭いてくれたのだろう、ドアの手形は消えていた。

E子さんは胸を撫《な》でおろしたが、しばらくして警察官が部屋にやってきた。

「昨夜、なにか変ったことはありませんでしたかね?」

「変わったこと? なにかあったんですか」

「いえ、なにか変ったことがなかったかと思いまして」

そのように尋ねられても、あいまいすぎて答えることができない。

「なにがあったのか教えてくれないと……話せないのでしょうけど……」

「話せないワケじゃないのですが、実は昨夜、このマンションのゴミ捨て場に段ボール箱が捨てられていまして。なかには哺乳瓶《ほにゅうびん》や服やタオル、あと、その……」

冷たくなった乳児。

マジカルな話

高校生のころ、四人ほどでマジカルバナナという連想ゲームをしていた。

手拍子にあわせてリズムよく次々に連想したものをつないでいく。

「じゃあ、いきまーす。マジカルバナナ♪　バナナといったら黄色♪」

「黄色といったら絵の具♪」

「絵の具といったらアート♪」

「アートといったらラッセン♪」

負けになる場合は同じことをいう、連想がでない、リズムが崩れる等々。

「学校といったら勉強♪」

「勉強といったら試験♪」

「試験といったら成績♪」

「成績といったらヤバい♪」

細かいルールがいろいろあるのだろうが、あいまいな条件で続けていた。

「葬式といったらお墓♪」

「お墓といったらゆうれい♪」

「ゆうれいといったら怨霊♪」

「怨霊といったら〇〇〇……」

ごきりッ、と凄い音がして〇〇〇と口にした生徒の骨が外れてアゴが垂れた。

〇〇〇とは授業で習ったばかりの歴史上の人物、都落ちした平家の武将だった。

ぼくの知人の医師がいうには、強いちからで引っ張るか衝撃がないと顎関節が両方とも外れることなどあり得ないそうだ。

素敵な店のお話

「おかげさまで企画も無事に終わり、大成功でした。ありがとうございます」

素敵なピアノ曲が流れるＢＡＲで、取引先の専務は私に頭を下げた。

「いえいえ、よしてください。こちらこそ、すごく勉強になりました」

「是非、来年もご一緒できればと考えています。よろしくお願いします」

敷居の高い上質な雰囲気の店内に、不釣りあいな私は少し緊張していた。

「すごく綺麗なお店ですね。よくいらっしゃるんですか？」

「いえ、普段は安居酒屋です。私もこういうお店は滅多にきませんよ。はは」

「グランドピアノっていうんですかね。ピアノの生演奏のお店とか素敵ですね」

取引先の専務は、演奏されているクラシックの曲を説明してくれた。

「お詳しいんですね。私も家で聴いてみようかな」

「最近はサブスクで、クラシックもすぐ聴くことができるので、是非」

そこから料理の話やマネージメントの話、お互いの企業方針の話をした。

普段は安居酒屋にいくと自らを下手に、かつ謙虚に話している彼をみて、男同士のつきあいのこと、人間関係のあり方、会社と社会の繋がりについて考えさせられた。本来、持つべきこころの品格というのは、贅沢な暮らしや高貴な態度にあるものではなく、そのひとの優しい目に現れるものなのだと私は感じた。

「今夜はありがとうございます」

「いえ、こちらこそ。また、ご一緒させてください」

店を去る間際、店のオーナーが挨拶にきてくれた。

「また、是非いらしてくださいませ」

「必ずまたきます。ピアノ、素晴らしいですね」

「お目が高い。あれは著名な作曲家の持ち物だったんです。いまは壊れて弾くことができませんが、店内が無音でもあのピアノのおかげで、まるで曲が聞こえてくるようだと仰ってくれるお客さまもいるんですよ。本日はありがとうございました」

溺れたときの話

溺れたとき、水中から水面めがけて必死に泳ぐと、平らになった見知らぬ子どもたちが水面に沿うように浮かんでいた。その全員が笑っていた。こちらも必死なので、押しのける勢いでぶつかっていく。子どもたちは笑ったまま離散していった。

ゴーグルも着けていないのに、どうしてあんなにハッキリとみえたのか。

そう不思議に思ったのは助かってからのことである。

先生

主婦のI子さんが体験した話である。

結婚して間もないころ、マンションに住んでいた。飲食店に勤めていた彼女の夫は昼からの出勤で帰宅は深夜だ。食事も仕事場ですませてくることが多かった。

おかげで毎日、I子さんは暇を持て余していた。掃除や洗濯、家事の類はたいてい午前中のうちに終わらせてしまう。夫が家をでると、もうやることがない。外出もテレビ鑑賞も好きではない彼女はいつも（今日はなにをしようか）と考えていた。

あるとき鍵をジャラジャラと鳴らすような金属音が聞こえた。

靴を整理するため玄関にいたI子さんは、なんとなくドアスコープから外を覗くと、となりの住人が廊下を歩いてくるのがみえた。買い物の帰りなのか、食材の詰まった袋を持っている。

（豆腐？　ネギ、たまご……今夜はスキヤキかしら？）

夕食の献立を想像すると楽しくなった。

奇妙なことに——その日からスコープから外を覗くことが日課になった。

I子さんの住んでいる部屋はフロアの角にある。マンションの廊下がL字になっていて、反対側の端はエレベーターだ。その階の通路を歩いてくる住人、すべて覗きみることができた。視力がよいためか、ちいさな穴から観察することを苦と思わなかったそうである。住人たちもまさかみられているなどと思っていないので、素の姿で歩く。ある者は機嫌よさそうに、ある者は慌てた表情で帰宅してきた。買い物から帰ってきた者や仕事からもどった者。ドアスコープの前にいなくとも、鍵が開く音が聞こえたときに覗けば、でかけていく者の姿をみることができる。

ある夕方、いつものようにI子さんはスコープを覗いた。

廊下のすみに制服姿の、セミロングの学生が立っているのがみえた。

(あれ？　女子高生なんて、この階に住んでいたかしら)

学生は背筋をまっすぐ伸ばしたまま、じっとして動かない。

(あんなところで、なにしてるんだろう？)

誰かを待っているのかとも思ったが、彼女は壁のほうをむいてジッとしている。

普通、誰かを待つならその部屋の玄関ドアの近くに立っているはずだ。ドアから離れているし、はっきりと確認できないが、なんだか壁に近すぎる気もする。まるで壁に額をくっつけているようだ。

（さて……あなたは、なにをしているのかしら？）

しばらくみていると異変がおきた。

ゆっくりと腕をあげて壁に両手をつく。そして学生の頭がすッと消えた。

（え？　うそでしょ）

驚いたが、I子さんはスコープから離れずに凝視を続けた。

何度、確認しても頭がない。背中も肩も手もみえているのに、首から上が完全になくなっている。頭があった位置には、学生がむいている方向の壁がはっきりとみえている。

（首を下にむけたせいで、この方向からみえなくなっているのかもしれない）

I子さんがそう思っていると、ふいに頭が現れた。

（ほら、やっぱり。顔を下にむけてただけよ）

学生は少し後ろにさがり、横をむくと廊下を歩きはじめた。

上下に揺れることなく、すーっと進んでいるのをみてI子さんは寒気が走った。

（なんか……気持ち悪い子）

学生は通路の曲がり角、I子さんの部屋からまっすぐの位置まで移動する。

先ほどと同じように壁に躰《からだ》をむけた。

（なにしてるの……あの子……）

さっきとは位置が違うので全身がはっきりとみえる。

学生は本当にぴったりと額を壁にくっつけていた。しばらくそのまま動かなかったが、また腕をあげて壁に両手をつく。そして首を動かすと、そのまま壁に頭がめりこんでいった。

「うそッ！」

思わず大きな声をだしてしまう。

その瞬間、学生は壁から頭を抜いてI子さんの部屋のドアを睨《にら》みつけた。

「うそッ！　うそッ、うそうそッ！」

学生は壁に手を当てた体勢のまま、こちらにむきを変える。

I子さんはスコープから目を離して奥に走った。

寝室に逃げこむと、隠れるように布団をかぶる。

（なに！　いまのなに！）

震えていると、どんッという音が玄関から聞こえてきた。

I子さんの脳裏によぎったイメージは、彼女が玄関ドアに手をついている姿だ。さっきは壁に頭を入れていた。いまはこの部屋のドアに、頭を——めりこませようとしているのではないだろうか。

（怖いッ、怖いッ）

しばらくすると「はああ」という息を吐くような声が近づいてきた。

（きたッ、きたッ、きたッ）

どんどん近づいてくる声は——寝室の前でとまる。

I子さんは息を殺して気配を消した。重い沈黙が続いたあと布団の真上で、

「せんせい」

おんなの子の低い声が響いてきた。

I子さんは二時間ほど布団にくるまっており、でたときは汗だくになっていた。

夫が帰ってくる深夜までとても家にはおれず、友人の家に泊まりにいった。


もうドアスコープを覗くのが怖くなってしまった。

彼女の妙な癖はその一件でなくなったのだ。

数日が経ったころ、夫がこんなことをいいだした。

「上の階で、ひとが亡くなったらしいぞ」

昼間、出勤するときに、たまたま逢った管理人から聞いたらしい。

「ノイローゼで首を吊ったって。やっぱり大変な仕事なんだな、学校の教師って」

あの学生と関係があったのかは定かではないそうだ。

指先の脳

会社員のT夫さんが中学一年生のころなので、ずいぶん前の話である。

彼と同じクラスにAさんとBさんという男子がいた。このふたりとT夫さんは仲が良く、アニメやゲームの話で、よく盛りあがっていたという。アニメは録画や配信ではなく、放映されている時間にみなければならない。ゲームはセーブ機能がなく、アクションばかりでスコアの高さを競うしかない。それが普通の時代だった。

「昨日のケンシロー、すごかったな」

「あそこまで悪いヤツだったからな。ケンの怒りも大爆発だよ」

「お前はもう死んでいる！　ってかっこいいよな」

中学とはいっても一年前は小学生で、好きなものは子どもと大差がない年代だ。

反抗期さえまだきていない可愛らしい学生だ。

そのころ一度だけ奇妙な体験をしたという。

ある放課後、三人でおしゃべりしながら帰っていた。

「なあ、今日はゲームいこうよ。新しいやつあるかもよ」

ゲームとはゲームセンターではなく、ソフトを販売している玩具屋のことだ。

もちろん、お金はなかったので買うことはできない。それでも新作ゲームのパッケージを眺めたり、店内のテレビに流れるデモ動画をみるだけでも楽しかった。

「いいね。いこう、いこう」

「じゃあ、T夫とBは先にいってて。オレ、家にカバン置いてくるわ」


玩具屋についたT夫さんとBさんは新作のゲーム映像を眺めていた。

しばらくすると自転車に乗ったAさんも現れて、三人で商品を物色する。存分に楽しんだあと、ラーメンを食べにいこうという話になった。当時、人気があった百円ラーメンの店にむかった。

「すげえ面白そうなやつあったな」

「オレ、正月にお年玉貯めて絶対に買う」

そんな話をしながらT夫さんは、Aさんのようすがおかしいことに気づいた。

「オマエどした？　なんか痛そうだな」

Aさんは玩具屋からずっと、頭をさすっていたのだ。

「さっきゲームにむかうとき、転んじゃってさ。思いっきり打っちゃった」

たんこぶはできてないけど痛いんだよなあ、となっていた。

ラーメン屋に到着したあともゲームの話題は続く。Aさんも頭をさすりながら会話に参加していたが、T夫さんはそれが気になって話に集中できなかった。

「マジで大丈夫？　ずっと泣きそうな顔だけど」

「なんかズキズキするんだよね。母ちゃんに病院、連れていってもらおうかな」

Bさんが「オレが秘孔《ひこう》でなおしてやる」とふざけて、ひとさし指を立てた。

「わちゃッ！」

アニメキャラを真似た声をだして、Aさんの額を指で勢いよく突いた。

その指がAさんの額にずぶり、とめりこんだ。首を少し斜めに動かすと、Aさんは「ああ」と声をだして白目を剥《む》いた。Bさんは慌てて、指を引き抜く。

「ごめん！　大丈夫かッ」

しかし——額には穴など開いていない。

Aさんの目もすぐもとにもどった。

無表情で、きょろきょろとなにかを探しているかのように店内をみる。

「おい……大丈夫か?」

「大丈夫ぅ」

「ほ、本当に悪かった。い、痛くないか?」

「痛くないよぉ」

少し高い声で答えると立ちあがり、ひとりで店をでていった。

唖然《あぜん》としているふたりの前にラーメンが置かれた。

「なに、いまの……」

Bさんは小刻みに震えていた。

「おい……オレ、触ったら、触ったら」

混乱しているのか、上手くしゃべれていなかった。

「やっぱりそうだよな。いま指がオデコに入ってたよな」

Bさんは唾を呑み、涙目で続けた。

「違う! オレ、あいつの脳みそ触ったんだよう!」

湿った柔らかい――脳を指先で感じたと、Bさんは震えていた。

Aさんが学校にこなくなったのは翌日からだった。

ひと月ほどして、Aさんが病気で休学することになったと担任から聞いた。そのせいではないがT夫さんはBさんとは話さなくなり、疎遠になっていったという。

旧友＋もうひとり

都内に住むI塚さんが大学生のころの話である。

彼女の祖父は優しかったが厳格なところもあった。

きっちりとした規則正しい生活をしており、特にマナーには厳しかった。

ある日の昼間、帰宅したI塚さんが台所でお菓子を食べていると、眉間にシワをよせた祖父がやってきて「お茶くらいださんか」とひと言いうと、でていった。

気づかぬうちに来客がきていたのかと、客間をみにいくが誰もいない。祖父の部屋を覗くと、祖父は服装を整えていた。いつも来客があるときにしている行動だ。

「おじいちゃん、いまから誰かくるの？」

「もう、おふたりともきていらっしゃる。はやくお茶の準備をせえ」

I塚さんは慌てて台所にもどり、棚から急須《きゅうす》と茶碗をだした。

お盆にのせると（多分、庭のとこにいるんだな）と縁側にむかった。

ところが誰もいない。

もう一度、客間の前までいくと声が聞こえた。

(きっと、さっきは縁側にいて客間に移動したのね)

廊下に膝をつき三度ノックをして「失礼します」と戸を開ける。

さげた頭をもどし、客間をみるが——祖父がひとり座っているだけだ。

「あれ、お客さんは?」

I塚さんが尋ねると祖父は無視した。

なんだ、まだきてなかったのか、とお盆を手に台所にもどる。

しばらくすると祖父がまた台所にきて「お茶は?」とイライラした様子でいう。

「いつくるの?　お客さん」

「きてるじゃないか。いま、みただろう。おふたりさまだ」

I塚さんは「いなかったよ」とキョトンとした。

「誰がきてるの?　いつも誰かくるときには先にいうじゃない」

祖父は目をほそめてハッとした表情になり、きびすを返した。

I塚さんは気になって一緒に様子をみにいく。

客間の入口でぼうっと立っている祖父の背中があった。

玄関をみるが、やはり来客の靴などない。

「おじいちゃん、寝ぼけてたんじゃないの？」

Ｉ塚さんはそう声をかけると台所にもどっていった。


翌月、祖父は心臓麻痺《まひ》で亡くなった。

葬儀から帰ってきたＩ塚さんが哀しんでいると、母と祖母が「おじいちゃん、亡くなることわかっていたかもね」といいだした。株や権利書がきれいにまとめられており、祖父の大切なものはすべて箱に片づけられていたらしい。

「そういえばおじいちゃん、報せがきたって……」

祖母が妙なことをいいだした。

祖父がひとりで家にいると、誰かが玄関をノックした。

開けてみるとふたりの男性が立っていた。ひとりは知らないひとだが、もうひとりの顔には見覚えがある。それは、戦時中に亡くなったはずの友人だった。驚きつつも「生きていたのか」と祖父は再会を喜び、家に招き入れ客間に通した。

しかし自分の部屋で服装を整え、客間にもどると消えていたというのだ。

すぐにＩ塚さんは（あのときのお客のことだ）と思いだした。

「おじいちゃん、それから身辺整理を始めたのよね……どういうことかしら」

そういうと祖母はため息をついた。

祖父は間違いなく、来客は「ふたり」といっていた。

もうひとりは誰だったのだろうか、いまとなってはわからないそうだ。

大差ない話

匿名の掲示板とかエゴサとか。自分が傷つくの、わかっていてさ、みるひとってバカだよね。自分を誉めてくれる誰かを探して満足したいのかな。

それとも、社会における自分の価値とか位置とか、ステータスとか？

そういうのが測れるつもりでいるのかな？

確かにみなきゃいいっていう解決方法はおかしいと思うよ。だって、いちばん悪いのは顔も名前も隠して、自分は安全なところからコソコソ悪口書いてる民度の低い人間たちのほうだから。書かれたものをみた、そのひと本人やそのひとの家族が傷つくとか、そういうの想像できない、それか知ったこっちゃないって思ってる人間だもん。ある意味殺人と同等の罪を犯してるのに気づいてないもん。

でもさ、わざわざチェックする必要もないじゃん。そんなことよりもっと自分のためになるようなことで時間は使わないとダメだよね。

そういう点では私みたいに、ひとりで心霊スポットにいってさ、ここでむかしなにがあったのか、とか考えながら恐怖を堪能する？　みたいな？　そういう遊びって誰の邪魔にもなってないし、写真とか映像撮ったりして、どこかになんか変なの映ってないかなとか探してるのって、我ながらいい趣味だと思うんだよね、ホント。

今夜も心霊スポットいくけどメチャ楽しんでくるつもり。誰も傷つけない趣味って楽しいよ、といっていた女性はその夜、心霊スポットの帰り道に車を横転させた。白い影が道に飛びだしてハンドルを切ったのが事故の原因だが、大怪我を負ったその姿をみて、誰も傷つけていないという意見は違うのではと、ぼくは思った。

ドブ川の化け物

K渡さんから聞いた話である。

彼は就職するまで大阪府豊中市のSに住んでいた。治安が悪いとされているところで、いくつもの長屋が並んでいる。市外の人間からは忌みを含めて「長屋町」と呼ばれていた。育った子どもたちは無邪気なもので、大人たちの事情とは関係なく遊びまわっていた。ただ絶対にいくなといわれている場所がいくつかあった。それを破ると折檻《せっかん》つきの仕置きが待っていたらしい。売春が行われていたり、その筋の人間が出入りする場所というのが理由だったが、そのひとつに、臭いドブ川の安易な略で「クサドブ」と呼ばれているところがあった。

せまい路地がいくつも重なった場所にちいさな医院があって、その真横を流れているのがクサドブである。住民意識のひくい者たちが生ゴミを投げ捨てることも多かった。

「クサドブにはバケモノが住んでいて、子どもをみつけると家までついてくる」

「夜に近づくと足を掴まれて、クサドブに引きずりこまれてしまう」

陳腐なウワサばかりだったが、子どもを震えあがらせるには充分なものだった。

K渡さんと仲のよい同級生にC坊という男子がいた。

マイペースで気が弱い彼はある夜、K渡さんの家にやってきた。

夕食を食べていたK渡さんは、お箸を持ったまま玄関先にでる。

「おお。どうしたん?」

もじもじと、なにかいいたそうにしているが、頬《ほほ》をみると涙を流したあとがある。

すぐにK渡さんは(ははん、またイジメられたな)とわかった。

「あのさ、ちょっと、ついてきて欲しいところがあるんやけど、ええかな?」

話を聞くと、夕方、いじめっ子たちにカバンをとられてしまったというのだ。

「あいつら、また……わかった、いくわ。ちょっと待っとって」

正義感の強いK渡さんは、台所で夕食をとっていた両親に説明した。

「C坊、カバンとられたらしいからちょっといってくるわ」

作業着のままの父親は漬物をかじりながら目もあわさず答えた。

「おう、気ぃつけろや」

C坊を先頭に夜道を進んでいく。

今度こそ許さないと、意気込んだK渡さんは勇み足だった。

「で？　誰がカバンとったん？　Sか？　Jか？」

「……ちゃうねん。放られてん」

「捨てられたんかいな！　どこにや？」

いいにくそうにC坊はカバンの場所を告げる。

「え……クサドブ？」

勇んで歩いていた足が、ピタリと止まってしまった。

逃げられると思ったのか、C坊は慌ててK渡さんの前にいくとシャツを掴んで「頼むわ！　オトンにド突かれるから、たすけてや！」と必死に懇願《こんがん》してくる。

「せやかて……お前」

「ふたりやったら絶対大丈夫やって！　お願い！」

「あそこにいったのバレたら……オレも怒られるし……」

ぶつぶつといいながら抵抗したが、強引にC坊は背中を押す。

いままでK渡さんは二度ほどクサドブに近寄ったことがあった。

一度目は自転車で通りすぎ、二度目は怖々とみにいった。

どちらも長い時間みたわけじゃないので、正直よく覚えていない。記憶のなかのクサドブはゴミだらけで、まるでコールタールのような黒い川である。明るい時間にみても不気味な印象だったのに、こんなに暗かったら……と想像するだけでも身の毛がよだつ。

だが、帰ろうとは今更いいにくい。

こうなったら仕方がない――と覚悟を決めた。

「よっしゃ！　さっさといって、さっさと帰ろ！」


クサドブは記憶のなかよりも恐ろしい雰囲気をかもしだしていた。

街灯に照らされながらも真っ暗だった。色々なものが腐ったにおいを吐きだしており、流れがないのか、浮いているたくさんのゴミ袋はその場で停止していた。

「うおッ。くせッ！」

酷い腐臭のようなニオイにK渡さんは手で鼻を覆った。

C坊も鼻をつまみながら「あそこらへんに投げられてん」とカバンの位置を指さす。医院の玄関口につながった、ちいさな石橋のあたりだった。

医院の前にいってみると「……あった」と石橋の真下に半分沈んだC坊のカバンがある。

どうやってとろうかと、ふたりは考えだした。カバンまで二メートル以上はあり手は届かない。とてもじゃないが川のなかにはいる気にもなれない。

「竹竿《たけざお》みたいな長い棒があれば……」

まわりを探したが都合よくそんなものは落ちていない。

少し歩くとアパートの裏に物干し竿がかかっているのをみつけた。

「よっしゃ、ちょっとアレ借りよう」

音をださないようにそっと竿受けから抜いていく。

思ったよりも重くて大変だったが、なんとか竿を引き抜くことができた。

小声で「よし、これ使ってとろう！」とクサドブにもどった。石橋に寝転がり、両手で竿をしっかり掴んでカバンのほうに伸ばしていく。C坊は座りこむように両足を押さえてK渡さんが落ちないようにした。しかし重い竿のコントロールが難しく、誤ってカバンの中心に当たってしまい、カバンそのものが沈んでしまった。

「ああ、オ、オレのカバンがッ」

「大丈夫や、落ちつけ」

すぐに先を動かし、カバンの把手の部分を狙って突き刺した。

「ぬおっ！」

横にずらすように斜めに動かしてあげると、カバンは先端に引っかかった。

「やったッ！」

「そのまま、ゆっくり持ちあげてッ」

ところが斜めの状態を保って、上にあげるにはかなりの力が必要だ。

しかも、教科書やノートが入ったカバンがぶらさがっているので、さっきと違いずいぶん重量を増している。

「ぬおッ……お、重いッ……」

このままではカバンをまた落としてしまうと、上にあげずに横の壁に先端を押しつけた。

これならば手を離しても壁に引っかかってカバンも竿も落ちない。

「なんでやめるの」

「重すぎやってッ。ちょっと待って、体勢変えるから」

K渡さんはC坊を足から離れさせると、立ちあがって中腰になった。

「よし、いくぞ」

「ちょっと待って……あれ、なんやろ?」

川のむこうに浮いたゴミ袋が、水面の波紋とともに動いている。

「魚……?」

ちいさく、ばしゃばしゃと波打ちはじめた。

「い、急ごう、なんかきそうや。お前も持ってくれ」

K渡さんとC坊は竿を握りしめると「せーのッ」でそのまま上に持ちあげていった。そのあいだもばしゃばしゃと波が近づいてくる。

「なんかくるッ！　なんかくるでッ！」

「みるなッ！　ゆっくり、もちあげろッ！」

波はどんどん激しくなり間違いなく、なにかがむかってきていた。

すぐにでも逃げだしたいが、もうちょっとで竿をあげることができる。

恐怖でカバンにへばりついた黒い水の泡すらも顔にみえてきた。

「きてるッ！　もうそこにきてるッ！」

「ぬおおおッ！」

ふたりはしりもちをつき、竿は大きく反りかえり先端のカバンが石橋に落ちた。

「やったッ！」

C坊はカバンをみて「あッ！」と声をあげた。

「汚い水なんか洗えば大丈……」

K渡さんは息を呑んだ。

ビクビクと動くものがカバンにへばりついている。黒い水にまみれた躰をぐねぐねと動かして、ちいさな手を広げ、足をバタつかせて——顔をあげてK渡さんたちのほうをみて、ギァアッと声をあげた。

「うわああッ！」

ふたりとも悲鳴をあげる。

C坊は立ちあがって夜道を走りだした。

K渡さんも逃げようとしたが、バランスを崩してクサドブに落ちそうになった。その途端、川がばしゃばしゃと波立つ。カバンにくっついているバケモノと同じものが、水面から無数に顔をだして手をバタバタと動かしていた。

「ひいッ！　た、たすけてッ！」

すぐにK渡さんはその場から逃げ去った。


このことは両親に話すことができないまま数年が経ち、とある真相がわかった。

クサドブは医院の医師がゴミを捨てるのに使っていた川なのだ。現在のようにゴミに対する考えかたがしっかりしておらず、条例や法律がゆるかった時代ならではのことだった。クサドブの隣の医院は産婦人科で、捨てられていたゴミは堕胎《だたい》した胎児だったという。K渡さんたちがみたものは、遺棄《いき》された胎児のなれの果てだったのか、それともまったく別のなにかだったのか。

そして三十年以上のときが流れた。

K渡さんは地元に住んでいる友人に逢いに、久しぶりに長屋町を歩いていた。変わっているもの変わらないもの——むかしを思いだして懐かしくなり、クサドブのあった場所にいってみた。すっかり景色が変わっており、路地も医院もとり壊されている。クサドブも埋め立てられ、歩道になっていたという。

この話を聞いてからずいぶん経ったころ、怪談社にこんな話が入ってきた。

それはある男性の体験談だった。

彼は交際している彼女のマンションへ、週に何度も泊まりにいっていた。

その彼女がときどき、夜になると「変なこと」をいいだすことがあった。お酒が好きで、たいてい酔っぱらっているときに「変なこと」をいっていたこともあり、アルコールのせいだろうと男性は彼女のいうことを気にしていなかった。

ある夜、酔っていない彼女が「また聞こえるわ」といいだした。

戸を開けてベランダにでたので、男性も彼女の後ろについてベランダにでた。

そとは静かで、なにも聞こえない。いったいなにが聞こえるのか、男性が彼女に尋ねると「どこかにおるねん」とベランダから、下の歩道を見下ろしている。

「危ないで、そんな身ぃ乗りだしたら」

「ほら、聞こえる？　猫の鳴き声。何匹も鳴いてるやん」

そういってずっとベランダからきょろきょろ猫を探していた。

しかし、男性が耳をすませても、なにも聞こえない。

もっと長い話だが、まとめるとこんな体験だった。


なんとなく気になった怪談師がマンションを調べると——。

そのマンションから見下ろせる歩道こそ、かつてクサドブがあった場所だった。

猫ではなく赤ん坊の声です——そう体験者に伝えることはできなかったという。

霊を乗せた車

十数年前の冬、Yさんは友人たち数名と大阪駅にいた。

評判の良い焼肉店にいくことになっていたらしい。お喋りをしながら待っていると一台の車がYさんたちの前で停車した。最後のひとり、H籐さんが到着した。

「おまたせ。いこうか」

乗り込んですぐにひとりが「この車、栃木ナンバーやん」とH籐さんに聞いた。

彼は関東に住んでおり出張でもどってきていたが、栃木に住んでいるわけではない。運転しながら「借りた。いま修理してるからさ」と答えた。

後部座席に座ったYさんは「なんか寒いな。暖房つけてくれ」と腕をさする。H籐さんは「ついてるよ。今日は暖かいけどね」と暖房をさらに強めてくれた。

道は思ったよりも混んでおらず、車はスムーズに進んでいった。

いろいろな話題が飛び交うなか、Yさんだけ無口になっていた。

「なんや。オマエ静かやな。大丈夫か?」

「うん……なんか知らんけど、やたら寒いねん」

Yさんは自分でも不思議なほど冷え切り、少し震えていた。

「お前、大丈夫か。ちょ、H籐。エアコン、強くして」

「もう、してるよ。そんなに寒いか?」

同じように後部座席に座っている両隣の友人は眉間にシワをよせた。

「おれはぜんぜん寒くないけどな」

「オレも暑いくらいや。Y、熱でもあるんちゃうか?」

そのうちに目的の焼肉店に到着した。

みんな彼を心配したが「大丈夫、喰う」と一緒に入った。

注文した肉がくるころ、Yさんは大声で笑うほど元気になった。

「なんやお前。さっきまで静かやったのに」

「ほんまやな。めっちゃ寒かってん。なんやったんやろ」

食事は盛りあがり、そろそろ帰ろうということになった。

「美味かったな!」

「遠出した甲斐《かい》があったわ。会計ひとりなんぼ?」

H篠さんが「おお、ここはオレ払うよ」とおごってくれた。

会計はなかなかの金額になっていたが、現金ですべて支払ってくれた。

「気前ええな、太っ腹！」

「まあ、器が違うってことや。次いこうぜ」

北新地で呑もうということになり、また車に乗りこんだ。

しばらくすると。またYさんが「……さ、寒い」といいだした。

「またかよ、さっきは大丈夫そうやったのに」

「お前、今日は帰ったほうがいいんちゃうか」

いきと同じように暖房はマックスになっている。

「な、なんかおかしいな、マジで、か、帰ろうかな……」

結局、彼を家に送ってから繁華街にむかった。

「風邪のひき始めかもな。躰温めて休んどきや」

「わ、悪いな。また今度な……寒ッ」

Yさんは家に入ると、風呂に浸《つ》かるためバスタブに湯を溜めだした。

しかし——五分も経たぬうちに寒気はひいて平常にもどった。

急激な体温の変化に、Yさんは一度病院で診てもらおうかと考えていた。

それからしばらくしたある日曜、友人から電話があった。

「おう、朝からどないした？」

「ちょ！　お前、家か？　テレビつけてみ！」

なにごとかと思い、友人が指定するチャンネルにした。

そこにH籐さんの写真が大きく映されていた。

「あいつ、逮捕されたらしいぞ」

Yさんはテレビを観ながら友人の説明を聞いた。

介護の会社を経営していたH籐さんは、利用者である老人の財産を奪いとり殺害していた。合計で億になる金額を持っていたという。

「そりゃ気前いいはずや。なんかおかしいと思ったわ」

Yさんはあのときの彼の羽振りのよさに納得した。

「……寒い寒い、いうてたよな、お前」

「え？　ああ、そういえばそやな」

そのとき、あの日みんなが乗っていた車がテレビ画面に映しだされた。

アナウンサーが淡々と続ける。

「H籐容疑者は車のトランクに遺体を隠していたもようで、現在とり調べが――」

兄の旅立ち

M本さんの話である。

彼女には三つ歳が離れた兄がいるのだが、彼は中学生のころ登校拒否になった。学校に登校するふりをして家をでるが、実際は公園で漫画などを読んで時間をつぶしていたらしい。それらの事実は警官に補導されて発覚した。

なぜ学校にいきたくないのかと両親が尋ねると、彼は「めんどくさいから」と答えた。当初は自分たちにいえないだけで、実はイジメられているのかと両親は様々な憶測をしたが、本当に彼は「めんどくさい」という理由だけで学校にいかないのだった。なぜ勉強しなければいけないのか、なぜ学校でなければならないのか。そんなことばかりを疑問に思っていることがわかると、両親はすぐ心療内科に彼を連れていった。医師はM本さんの兄に「友だちは何人いるのか」「なんでも話せる友だちはいるのか」と質問をふたつばかり投げかけてカルテになにかを書くと「これはうつ病です」と診断したらしい。

それから十年以上も色々な薬を処方されて、ますます彼はダメになっていった。家のなかでヨダレを垂らしながら「おお……妖精って、マジでおったんや」と幻覚をみていたり、寝てると思えば突然「ギャーッ！」と奇声をあげたりの毎日だ。

そんな兄をずっとみてきたM本さんは、彼を反面教師にして大人になった。休むことなく学校に登校して卒業し、仕事に就いてからも真面目に働いた。

夕方、仕事が終わったM本さんが帰ると玄関前にパジャマ姿の兄が立っていた。

「おかえりなさい」

「ただいま。兄ちゃんなにしてるの？」

「もうすぐ、ひとがくるから待ってるねん」

兄はそういうと、力ない表情でただ、ぼうっと外をみていた。

誰かが兄を訪ねてきたことなど一度もない。

M本さんは「誰もこないよ」とだけいって、家に入った。

友人と逢う約束があった彼女は、準備をして玄関をでる。

兄はまだそこに立っていた。部屋に閉じこもっているほうが多いので、少し変だと思ったが、気にせずに駅にむかった。

深夜零時前になって再び帰宅すると、まだ玄関の前で兄が立っていた。

「おかえりなさい」

「ただいま。なにしてるのこんな時間に」

兄はまた「だから。ひと、待ってるねん」と、相変わらずぼうっとしていた。

「ずっと待ってるの？　誰もこないってば」

「やっぱ、そうか。多分、オレが薬ばっかり飲んでるからやな」

でも待つしかないし……と兄はその場を動こうとしない。

M本さんは部屋にもどって着替えると妙に気になりだした。

母親に様子がおかしいと話した。

「兄ちゃん、今日なんか変やで。大丈夫かな？」

「そうやねん。でも無理やり家に入れたら怒るかもしれんし」

兄はM本さんになぜか優しく、怒鳴ったこともなかったので、

「じゃあ、私が言うてくるわ」

そういうとM本さんは玄関の扉を開けて、外にいる兄に声をかけた。

「兄ちゃん、もう家に入り」

「……待ってるから」

「誰もこないって」

「そんなん言うんやったら、オレの部屋いってきてや。そしたら、わかるから」

「部屋？」

なにが部屋にあるのかと尋ねたが、兄は答えない。

M本さんが階段をあがって部屋の扉を開けると、いま玄関にいた兄がいる。

首を吊って死んでいた。

遊郭の話

又聞きなのでなんともいえないが記す。

おんなの情念が怪談を生む——ある怪談イベントでそんなテーマの話があったらしい。

そこに参加していたある女性が友人に「おんながいちばん怖いんだよ」と聴いてきた怪談を話した。その友人は霊感があるらしく、その手の体験も多い。

「うーん、でもおんなのゆうれいが、いちばん怖いっていうのはどうだろ？」

女性は「え？　じゃあ、もっと怖い話があるの？　教えて」と浮ついた。だが友人は「いやいや、そういう意味じゃなくって」と手を振り、遊郭《ゆうかく》の話を始めた。

友人のいう、かつて遊郭があったとある地域では、やはり怪異体験談が多い。

引っ越してきたばかりの部屋で、派手な着物のおんなが天井に貼りついている。

失恋した女性の枕元におんなが立ち、げたげた嗤《わら》っている。

おんな遊びが好きで不実なプレイボーイにつきまとう遊女の霊。

遊郭があった街特有の話は、確かに切りがないほどあるのだが――。

「そんなのばっかりじゃないんだよ。一度ね、ママに連れられて花火にいったの」

友人がまだ小学生のころ、その街で花火大会があった。

近隣住民たちが土手にでて歓声をあげているなか、ふと友人は花火が上がっている方向とは逆、ずらっと並んだ見物人たちの後ろをみた。いくつもの古い家が並ぶ屋根の上に、着物の女性たちが座って、手を叩き喜んでいる。

友人は母親に「ママ、おんなのひとたちが屋根にいるよ」と指さして教えた。

母親も友人同様、そのようなものが視えたらしく、

「あれはむかしのひとたち。花火……みてるみたいね」

そういったものが視えても動揺しない母親が、そのときは驚いていた。

屋根にいるおんなたちは、お祭りを楽しんでいる子どものように無邪気な笑顔だったのだ。とても死人にはみえなかったという。

「だからいつも恨みとか妬みばっかりじゃないみたいよ、ゆうれいも」

そういって友人は微笑《ほほえ》んだそうだ。

介護殺人

介護に疲れたT中さんは妻を殺害することにした。

六年間も寝たきりの彼女に回復する兆《きざ》しはまったくない。生活は年金だけなので苦しくなる一方だ。唯一の身寄りである息子にも助けを求めることができない。

なにより、話すこともできず、唸り声をあげるだけの妻が不憫《ふびん》でならなかった。

「もうオレたち、充分に生きたよな……もういいよな」

妻はすこし微笑んだ表情で、じっとT中さんの顔をみていた。

「すぐオレも追いかけるから……あの世にいっても怒らないでくれ」

そういうと泣きながら、馬乗りになって彼女の顔をみた。

いつものように唸り声をあげることなく、微笑んだ表情のまま目を閉じた。

「ごめんな……ごめんな」

そうつぶやきながら首にかけた両手に、ぐっとちからをこめる。顔は真っ赤に膨《ふく》らんで眉間のシワが強くなったが、それでも口角は変わらずあがったままだった。

「やめてくれッ！」

突然、玄関から声が聞こえてきた。

すぐに足音が聞こえ、戸が勢いよく開かれた。泣きじゃくった顔の息子だった。

「父さんッ、やめてくれッ」

驚いたT中さんは両手のちからを弛めた。

「母さんを殺さないでッ！　オレがなんとかするからッ、なんとかするからッ」

ふたりとも大声で――妻も一緒に、三人は泣いた。


「でも……どうしてここにきたんだ？」

落ちつきをとりもどしたT中さんは息子に尋ねた。

考えてみれば思いたったのは今朝のことで、息子が知るよしもない。

「それが……不思議なんだけど」

こんなことがあった、と息子が話しはじめた。

通勤中、いつも彼はイヤホンで音楽を聴きながら電車に乗っていた。

T中さんが住んでいる駅に近づいたとき、急に音楽がとまった。

プレーヤーをみると電源が落ちており、ボタンを押しても反応がない。

(充電しておいたはずなんだけど……故障したかな)

するとイヤホンからノイズ音が聞こえはじめ、声に変わっていった。

る、お、や、きりの、やお、ろそうと、して、い、る、おま、のち、ねた、はおや、ろそ、てい、まえ、ちちおや、たきりのはおやおろそうとして、おまのちちねたきり、ははおおころそ、しているおまえちちおやねたきりははおやをころそう、している——お前の父親が寝たきりの母親を殺そうとしている?

息子はあわてて電車をおりると、実家にむかって走ってきたというのだ。

「信じられないけど、本当なんだ、父さん」

誰かが助けてくれたんだよ、と息子はT中さんに話した。

現在、T中さんは息子夫婦と一緒に暮らしている。

不幸の道

去年、K原さんから聞いた話である。

彼が中学生のころ、実家の近所で事件があった。雨の日、歩道を歩いていた通行人とケンカになった男が、刃物で胸を刺してしまった。ほぼ即死だったらしい。目撃者と設置されていた防犯カメラのおかげで犯人は捕まった。マスコミが数人やってきた。それほど大きなニュースとしては伝えられなかったが、学校や近所ではその話題で持ちきりだった。

K原さんの父親はこんなことを彼にいった。

「むかしからあの道は、そんなことばかりおきる。お前も気をつけろよ」

当時は「ケンカをしてひとに怪我をさせるな」という意味だと思った。むかしからだなんて、やはりこの地区は治安が悪いのだな、と。

数年がたったある夕刻のこと。

高校からの帰り道に傘をさして歩いていると、あの道にパトカーと救急車が何台も停まっていた。なにがあったのか気になるが、歩道の途中からシートで隠されてみることができない。端と端におかれたコーンに通行止めのテープが貼られて、通れないようにもなっている。ここを通らないとK原さんは自宅に帰りつくことができない。警察官が見張っていたが、道路にでて歩道を横切ろうとすると「危ないから、違う道を通ってください」といわれた。

「でも、ぼくの家あっちなんですよ。他の道からはいけません」

カッパ姿の警察官は「じゃあ、一緒に」と道路にでて、通行車に合図しながら誘導してくれた。歩道からはみえなかったが、道路からはシートで遮《さえぎ》られみえなかったところがみえる。車が一台、転がっていた。逆さまになった運転席から青くなった腕が飛びでていたので、運転手が無事ではないことがすぐにわかった。

帰宅して、事故のことを両親に話すと「またか」と父親がため息をつく。

「またかって……そういえば前に一度あそこで殺人があったよね」

「前にも一度じゃない。むかしからそんなことばかり起きる。お前も気を……」

「って、それ前も聞いたし。むかしからって、どういうこと?」

父親は煙草に火をつけてから、あの道であったことを順不同に並びたてた。

ひったくりにあった老婆が頭を打った。ストーカーに狙われていた英会話教師が刺された。地震で傷んでいた塀がくずれ通行人が下敷きになった。ボールを追いかけた子どもが車に、歩いていた妊婦が流産、泥酔した男が倒れたところに通行車両のタイヤが、近所に住む老人が心臓麻痺、供えられた花束を片づけていた女性がバイクに、トラックが落とした木材が、老人が、老女が、男性が、女性が、子どもが。

たくさんのひとたちがあそこで不幸に出逢っていた。

「マジかよ。どうしてあの道ばかりに……」

「そんなことは知らん。ただ、あの歩道沿いに教会みたいなのが建っているだろ」

以前は建物もなく、そこも道だったらしい。

「意味があるのかないのか、道を一本つぶして建ててから」

あの道で不幸がはじまったのだという。

「あそこに限らず、悪いことがおきる場所って、いつも決まっている気がする」

だからお前も気をつけろ、と父親はK原さんに注意した。

後日、ぼくはその道にいってみた。

曇り空の日ですこし寒かったのを覚えている。その道は至って普通で、特に変わったところはなかった。聞いた通り、ある宗教が管理している施設も確認できたが、他に変わったことはなにもない。むかし倒れたという塀のかわりに花壇がつくられており、紫陽花が咲いている。

雨がぽたぽたと降ってきて――水滴を浴びた紫陽花が揺れているだけだった。

怪談本

そのひとは読書が好きで、特に本書のような怪談本を好んで読んでいた。

ある夜、発売されたばかりの本を読み終えた。

「もう終わっちゃった」と感想をつぶやいて布団に入った。

すぐにウトウトと眠りに落ちそうになった。いつものように時計の秒針の音が遠ざかり、外を走る車のエンジン音も耳に入らなくなっていく。静まりかえった空気の重みだけが身を包んだ次の瞬間、

「まあだだよ」

すぐ耳元でおんなの声がして、飛びおきた。

床においた怪談本が緑色にひかっている。

小さな丸いひかりが泡立つように浮かんでいき、部屋に散らばっていく。

怖くなって、隠れるように布団を頭までかぶった。

眠りにつくまでのあいだ、おんなの笑い声が、部屋の隅から聞こえていたという。

ぼくがどれだけいっても「絶対に夢ではない」とそのひとは譲らなかった。

今夜、妙な体験をされたかたは、是非ご一報いただきたい。

――という話を「怪談社　壬《みずのえ》の章」に書いたのが七年前のことだ。このあと「怪談本を読み終わったあと」または「読んでいる途中」に奇妙なことがあったという体験談がいくつも届いた。

現在はあのころよりも、怪談を語るひとたちも書くひとたちも増えた。ぼくが書いた怪談本ばかりではないが近年、届いた体験談を少しだけ次に記しておく。


ある女性はぼくが書いた『怪談社書記録　闇語り』を朝方に読み終わった。

少し怖くなっていたので、気を紛《まぎ》らわせてから眠りにつこうとテレビをつける。

だが、リモコンのボタンを何度押してもテレビがつかない。電池が切れたかと思い、買い置きしていたストックの電池を引出しから取りだそうとした。開かない。

なぜこんなものが開かないのかと、ちからを込めて引く。すると天井からガラガラッという、まるで氷が落ちるような音がした。驚いて天井を見上げていると、部屋の空気が動いた。ふわっと風が通るような感触が肌にあり、なにかの気配を感じる。怖くなってスマホから音楽を流し、そのまま就寝した。

朝になり確かめると、テレビのリモコンは正常に動き、引出しも開く。

やはり昨夜はなにかが部屋にいたんだと思ったそうだ。


ある男性は川奈まり子さんの『実話奇譚　怨色』を書店で購入した。

彼は会社の休憩中にオフィスで読み始め、寝る前の自宅の寝室で続きを楽しみ、休みだった翌日に喫茶店で珈琲を飲みながら、本を読み終えた。彼は霊や怪異など信じておらず、どちらかというとバカにしているほうだ。読みながら「そんなこと、あるワケねーじゃん」とひとりごち、嘲笑《ちょうしょう》しながらもホラーが好きだったのだ。

本の余韻に浸《ひた》っているとスマホが鳴った。姉からだった。

「もしもし？　久しぶり。元気？　アンタ、いまどこにいるの？」

「元気だよ。どこって、外だよ。どうしたの、急に」

「もしかしてアンタ、喫茶店で珈琲とか飲んでる？」

「うん、飲んでるよ。どうしてわかったの？」

姉がいうには昨日、主婦仲間と占いにいき易者に妙なことをいわれたという。

「なんかね、家族の誰かが珈琲飲んだあと、外で大怪我するから気をつけろって」

占いなど信じていない男性は鼻で笑った。

「なんだよ、それ。占いっていうか、予言じゃん」

「そうなんだけど、細かく話してたよ。いまいる席からコンビニみえる?」

男性が喫茶店の窓に目をやると、確かにコンビニがあった。

「コンビニなんてどこにでもあるだろ」

「ポスト。ポストある? コンビニの前に赤いポスト。あと、寝室の枕カバーの色って白?

会社のデスクに金色の飾りついた目覚まし時計みたいなの置いてる?」

外のコンビニの前にはポストがあり、枕の色も時計も姉のいう通りだった。

「易者がいうには、会社と寝室と喫茶店で手に持ってた物が原因だって。それがアンタを
みて怒ってるとか、なんとか。意味わかんないんだけど、アンタわかる?」

「……手に持ってたもの?」

珈琲カップの横にある、さっきまで読んでいた怪談本に目をやった。

顔の歪《ゆが》んだおんなが笑っている表紙だった。

(確かにバカにしながら読んだけど、本が怒るなんてことあるか?)

「手をあわせて謝って、ちゃんと大切に本を持ってたら大丈夫だってさ。一応」

伝えたから、じゃあねと姉は電話を切った。

男性はしばらく考え「そんなことあるワケ……」とつぶやきかけて、本の表紙のおんなをみて言葉を止めた。念のため、その場で手をあわせて謝罪したという。

ある男性は丸山政也さんの『奇譚百物語　拾骨』に夢中になっていた。休日の昼間だったので、部屋の外からは妻と子どもたちが遊んでいる声が聞こえていた。読み終わって本を机に置いたとき、声がピタリと止んだ。まるで映像を一時停止したかのように声が聞こえなくなったのが気になって、自室をでてリビングにいく。妻と子どもたちがいない。どこにいったんだろうと考えて「あ」と思いだした。その日は、朝から妻の実家に遊びにいくといっていた。

家には――自分ひとりだけだったのだ。

ＯＬの女性は会社の昼休み、車で煙草を吸いながら怪談本を読んでいた。読んでいたのは小田イ輔さんの『実話コレクション　呪怪談』だった。そろそろ会社にもどり続きは家で読もうと怪談本をカバンに入れたとき、車の前に見知らぬ男が立っているのに気づいた。男は彼女をじっとみつめて嗤っていた。ぞっとして固まってしまったが、すぐに男はきびすを返して去っていく。

気持ち悪がりつつも会社にもどり定時まで勤めて帰宅、自宅付近の駐車場に車を停めて歩いていると、家の前に昼間の男がいた。やはり嗤っていたという。怖くなってスマホで母親に電話して外へでてきてもらった。母親が玄関を開ける寸前、男は去っていった。女性は男のことをストーカーだと思った。

夜、女性は怪談本を読み終わり、ふと窓をみるとあの男の顔が浮いていた。

その窓は二階で外に足場はない。女性が悲鳴をあげると消えたそうだ。

どんな男でしたか、とぼくは尋ねた。

「それが昼間も夕方も夜も顔に影がかかっていて、よくみえなかったんです」

女性は「また……来ますかね？」と震えていた。

怪談本を読んで怪異を呼び寄せた報告はまだまだ——たくさんある。

マジックハンド

S子さんはとても明るいが少し天然の性格である。

彼女はホストクラブが大好きだった。何度も同じ店に通っては、そこで仲良くなったホストと関係を持って交際する。付きあっているあいだ、S子さんが他のホストクラブにいくことはないが、彼氏と家を借り一緒に暮らし始め、しばらくするとなぜかどの男もすぐに無職になった。すると彼女が生活の面倒をみる羽目になり、貢いでいるうちに（この彼とは将来が考えられないな）と気づいて見限り、別れる。そしてまた違うホストクラブに通いだし……というサイクルだった。

だいたいがこのパターンだったが、あるとき珍しく彼氏のほうが家をでていった。

彼はS子さんの家にあるタンスの写真をメールで送りつけて連絡がとれなくなった。家具付きの物件だったので、そのタンスは寝室にもともと備えつけられてあったものだ。この写真の意味がさっぱりわからず、友人のWさんに相談した。

Wさんは S子さんの部屋にやってきて、タンスを眺めながら考えた。

ふたりでどんなに考えても意味がわからない。

タンスは百二十センチほどのもので、どこにでもある引出しタイプだ。特に変わったところは見受けられなかった。それでもタンスの写真はなにか意味があるはずだと、ふたりで引出しを開けて調べてみた。主に下着やTシャツを入れるのに使っていたので、もしかしたら服のあいだになにか隠しているのではないか――そう思いながら全部取りだしてみたが、なにもなかった。

引き出しを取り外したタンスを、少し離れて観察していたWさんが気づいた。

そのタンスの天板――天井部分に板が貼られている。この板はなんだろうと引っ張ってみると、糊のようなものでくっつけていただけらしく簡単に剥《は》がれた。

剥がしてみてわかったがこのタンス、壁と少し距離が開いていた。

タンスに置いた物が壁側に落ちないよう、板を貼って隙間をなくしていたのだ。

それならタンスを壁側に押して、ぴったりに設置すればいい。なぜ板なのか。

Wさんが壁側、タンスのうしろを覗き込むと黒いものがあった。

手を伸ばすが微妙に届かない。なにかトングのようなものはないかS子さんに尋ねると、彼女はリビングにいって玩具のマジックハンドを持ってきた。

大人が持っているようなものではないが、そこは気にせずWさんは取っ手を掴み、マジックハンドの先をタンスの裏に差し込んだ。タンスの隙間がせまくてマジックハンドの手の掴み部分が大きく広がらず苦労したが、なんとか黒いものを挟みこむことができた。落とさないようにゆっくりと上に持ちあげていく。

当初はゴミだと思っていたが、姿を現したそれは黒い人形だった。

埃が溜まっていて汚らしく、まるで胎児を思わせるような形で気持ちが悪かった。

人形を床に置いて、ふたりでじっと眺めた。

マジックハンドの先で突いてみると、かさりと音を立て揺れた。

Wさんが指で突いてみると、硬くて軽いことがわかった。

S子さんが手で持ちあげて、じっくり観察してみる。

埃のなかに、まぶたや鼻や口が確認できる。

やはり胎児の人形のようだと思ったが——Wさんがつぶやいた。

「これ……本物の赤ん坊じゃないの?」

乾燥しているわけでもなく、白骨化しているワケでもない。まるで焼き焦げた木材のように、真っ黒に変色した、まぎれもない赤ん坊の遺体だった。

すぐにふたりは警察を呼んだ。そして大騒ぎになった。

結局、その赤ん坊の死体がいつのもので、いつからそこにあったか、S子さんは聞かされていない。彼とも連絡がとれないままだったので、なぜ彼がタンスの写真をメールで送ってきたのか、その意味もわからないそうである。

追憶の少女

　A司さんから聞いた話である。

　彼が大学生のころ、つきあっていた彼女とサークル仲間たちとでキャンプ場を訪れた。場所はH県の山奥で、大きなコテージを二泊三日のあいだ借りきっていた。

　太陽が眩しい季節だったが、山陰は涼しくて心地よい。近くにちいさな村があり、仲間のひとりがそこの出身だったことから選ばれたキャンプ場だった。

　飯盒炊爨《はんごうすいさん》をしながら準備をしていると「肉、忘れた」とひとりがいった。

「いらないんじゃないの？　あったほうが美味しいけどね」

「肉はいるっしょ。盛りあがりが違うからな。買えるトコないの？」

「お前は肉で盛りあがんのかよ。別にどっちでもいいぜ」

「村にむかう途中に売ってる店があるんだけどなあ」

　結局、手が空いていたA司さんが買いにいくことになった。

これで堂々と作業をさぼれると、A司さんは村へ歩きだした。

山を下りながら十五分ほど歩くと二軒の家がみえてきた。

片方は家ではなく、入口の横に木製のベンチがあるちいさなスーパーだ。

(これかな?)

店に入ると、まぶたを閉じて座っている老婆がレジにいた。

動きも挨拶《あいさつ》もないので彼に気づいているのか、わからないようすだ。

(死んで……ないよな、バアちゃん)

不安だったが、少ないながらもパックされた牛肉が売られていた。

並んであるすべてのパックを持ってレジにいく。老婆は生きていたようだが黙ったまま値段を伝えてくれないので、表示された金額を払った。

外にでて、すぐにはもどろうとせず日陰になっているベンチに座る。

「それにしても、あっちい……」

すぐに帰ると作業をやらされるので面倒くさい。

横には冷凍庫があり、アイスクリームが売られていた。なかを覗くと品揃えが乏しく、あずき味のアイスしかない。A司さんは(これ絶対、あの婆ちゃんの好みだな……)と思った。仕方がなく買うことにしてレジに持ってくと、老婆が「それ、美味しいよ」と口を開いたのでA司さんは（しゃべれたんだ）と感心した。

ベンチにもどりアイスを舐めると「……意外とウマい」と少し感動した。スーパーは古い建物特有のすえたニオイがしていたが、むかいの家はもっと古そうだ。入口の戸も壁の板もボロボロで、ところどころめくれあがっている。一見しただけでは築年数がわからず六十年、八十年といわれても驚かないような家だ。

A司さんが二階を見上げると窓が開いていた。

そこにはパジャマのような服をきた髪の長い少女が座っており、物珍しそうにA司さんをみつめていた。座っている体勢や高さから察するに、窓際にベッドがおいてあるような感じだ。色白で目が大きい。年のころは十七、八くらいだろうか。

少女はA司さんと目があっても視線をそらさず、にこりと微笑んだ。

男はすぐに恋に落ちるものなので、A司さんは少女に見惚《みと》れた。アイスが鼻の先に触れて驚きあわてて離すと、棒から千切れて落下した。地面のアイスをみて少女に目をもどす。動きが滑稽《こっけい》だったのか、少女はくすくすと笑っていた。

A司さんは恥ずかしくなって苦笑いする。

すぐに冷凍庫を開けてまたレジにいき、アイスをふたつ買った。老婆が「それ、美味しいよ」とさっきと同じことをいったが無視した。外にでるとむかいの家の前までいって

「これ、おごり。キャッチして」とアイスを窓にむかってふんわりと投げこんだ。少女は驚いた顔でキャッチしようとしたが、アイスがなかにはいるのと同時に姿が消えた。（やべ、ベッドから落ちたかな）と思ったが、すぐに現れて笑顔で受けとったことを示し、ちいさく頭をさげた。

安心するとベンチにもどり、少女とみつめあいながらアイスを食べた。

食べ終わると（そろそろもどらないと肉が腐りそうだな）と立ちあがった。

「ねえ、名前なんていうの？」

窓の少女にむかって声をかけた。

アイスを顔の横に並べて、聞き返すような動きをする。

「名前。なんて名前なの？」

なにが可笑しいのか、少女はにこやかな表情のままだった。

「オレさ、友だちとあっちでキャンプしてるの。よかったらあとで、おいで」

こくりとうなずいたので、A司さんは「ばいばい」と歩きはじめた。

ふりかえると少女は手を振っていたが、キャンプ場にくることはなかった。


翌朝、食事をとったあと、みんなでのんびりしていた。

その日は雲ひとつない青空だったが、猛暑日でもあった。

「あっついなあ、日焼けでもしようかな」

「勝手に焼けるわよ。わたしアイス食べたいなあ」

それを聞いてA司さんは「あ、売ってたよ。買ってこようか？」と手をあげた。

「マジで！　嬉しい、買ってきて！」

「オレのも」「じゃあ、わたしも」と結局、全員のアイスを買いにいくことになった。

(あの子、今日もいるかな）と浮き足立ちながら歩いていく。

スーパーの前でA司さんは動きをとめた。

家がないのだ。先に進んだところにひとつ店があって、昨日はこのスーパーに気づかなかったのかと思ったが、なかのレジには老婆がいるし、ベンチもある。

スーパーの前から角度を変えたりして探したが、やはり家はない。

混乱していたが、とりあえず冷凍庫のアイスを人数分だけ持って、レジにいった。

三度目の「それ、美味しいよ」を聞いて、代金を払い老婆に尋ねた。

「あの……むかいに、家がありましたよね」

老婆はアイスを袋に入れながら「あったよ」と答えた。

「そ、そうですよね。でも今日はないんですよ」

袋をA司さんに渡すと、座ってうつむいたが老婆は言葉を続けた。

「むかしあった。あたしが若いとき。何十年も前」

「……おんなの子がいましたか？」

「死んだ。親はすぐ引っ越して、家はなくなった」

しばらく黙ると老婆は「それ、美味しいよ」とつぶやき、それきりなにもいわなかった。


それから十数年後。

A司さんは再びその地を訪れることがあった。

スーパーはシャッターがおろされ、キャンプ場もすでに営業していなかった。

ベンチがまだ残っていたので、座ってみたが少女をみることは、もうなかった。

東北の囲炉裏

ずいぶん前のこと、Ｋさんが冬の東北にいったときの話である。

帰郷する友人に旅行がてら、後輩ふたりとついていったそうだ。

友人の運転で山道を進んでいく。やはり雪の道路にも慣れているらしく、道中は観光案内もしてくれた。村に近づいたあたりで自動販売機をみつけたので、停車して煙草と珈琲を買い、また車にもどる。ところがエンジンがかからない。

少しずつ風と雪が強くなってきた。

「おいおい、ヤバいんじゃないの」

携帯が普及していない時代である。

まわりには自動販売機の他にはなにも見当たらない。

車内の温度がさがりはじめてきた。

「公衆電話で修理を呼んでも時間かかるから歩こう」

友人がそんなことをいいだした。

「歩くって……まだ距離あるんじゃないの？」

「いや、村じゃなくて——先生の家」

中学校の担任が近くに住んでおり、卒業してからも連絡をとっていたらしい。

「しばらくご無沙汰だけど、避難させてもらおう」と友人は笑った。

はやくいかないと雪で歩けなくなるので、慌てて先生の家にむかいだした。

そこは本当に近くて、十分ほどで到着した。むかし話にでてくるような古い家にKさんたちは驚いた。玄関を叩くと、戸が開かれて老人が顔をだす。その老人が先生のようだった。

友人をみると、笑顔でKさんたちを家に招き入れた。

事情を説明すると先生は「ほりゃ寒かったべ、火ぃあたれ」と電球に照らされた囲炉裏《いろり》を指さした。たった十分歩いただけで、すっかり凍えきっていたKさんたちはすぐに火を囲んだ。ちいさな鉄の鍋が釣りさげられており、蒸気とともに良いにおいをあげている。

「死ぬほど温かいな」と四人とも両手をだして暖をとった。

「ちょうど、もうすぐ鍋もできるべ」

先生は立ちあがるとドテラを羽織り、部屋の奥へ入っていった。

「ここ、すごい家っすね。いいっすね、こういうのも」

「むかしはどこの家もこんな感じだったらしいよ」

温《ぬく》もってくると、今度はお腹が鳴りはじめた。

「やべ。腹、減ってきたっす」

「これ、いいニオイだもんな」

はやくフタを開けて中身がみたいな、と唾を呑みこんで鍋をみつめていた。

そこで玄関の戸が激しく叩かれる。

こんな吹雪に来客かと、全員がみている前で戸が開いた。

「……電気、ついてたから。お前ら、ここでなにしてるんだあ？」

友人が奥にむかって、

「先生！　お客さんがきたよ！」

そう叫んだが返事がない。

「先生は、三カ月前に死んじまったんだよ」

それを聞いた瞬間、ふッと暗くなった。

え？　と全員が手元をみる。

灰だらけの囲炉裏に火はついておらず、鍋のなかも空だった。

ただ、てのひらに温もりの感触だけがあった。

重なった話

妻と食事をしているとき、ぼーっと夫は彼女のことを考えていた。

――週末になったら逢えるな、待ち遠しいなあ。

そんな夫の顔をみて、妻はこのような発言をした。

「あなた、週末は外出なんかできませんよ」

そんなことをいわれたら普通は驚くが、なにせぼーっとしているものだから、

「そうなの？　なんで？」

夫はだらしない顔で妻に聞き返した。妻はカチンときたのか語勢《ごせい》を強めて、

「人死にがありますから。忙しくなります」

「そうなんだ。でも、大丈夫だよ。なんとかなるよ」

「いいえ、もうなんともなりません。重なってますから」

「……え？　なにが重なるの？」

妻はなにも答えず、茶碗を持って食卓を離れた。

台所から「もう顔をみること、ありませんよ！」と声がした。

ヤバい、なんか怒ってる、もしかしてバレてる？

夫は離婚されることにビクビクしながら、とりあえずご飯を口にかっこむ。

なんでバレたんだろう、もしかして顔にでてたのかな？

そんな呑気なことを考えることができたのは、そのときだけだった。

週末、本当に人死にがあった。

買い物の帰りに、信号無視の車に轢《ひ》かれて妻が亡くなったのだ。

そして同日、理由はわからないが、夫の愛人である彼女も自殺した。

通夜と葬儀が重なったが当然、妻を優先するしかなかったので彼女の顔をみることはもうなかった。


——妻は自分が死ぬのを知っていたからあんな発言をした。

——浮気を知った妻が彼女を呪ったから、呪ったほうも呪われたほうも死んだ。

皆さんはそう思うかもしれない。

しかし、夫（実際は、ぼくの知人の祖父だが）の意見は違った。

「何気ない発言が現実になることがある。これが言霊《ことだま》だ。だから言葉には気をつけなければならない。気がつかないうちに、己《おのれ》に呪詛《じゅそ》をかけているかもしれないから」

音のない夏

ある農村での話である。

じりじりと陽が射す夏、学生だったHさんは夏休みを利用して村にもどった。

新幹線、電車、バスと乗り継いで、バス停まで迎えにきた母親の車に乗りこむ。

久しぶりの再会で話が弾んでいるなか、いきなり妙なことをいわれた。

「今年は静かやけど……ばあちゃんには、言わんといてや」

「ばあちゃんに？」

母親は運転しながらうなずいた。

Hさんの実家には祖母がいた。よくしゃべる陽気な性格だったが、数年前から躰を壊して一日の大半は布団に入っている。動けなくなっても性格は以前のまま明るかったのだが――。

「なにが静かなの？　なにを言うたらアカンの？」

「静かなことを言わんといて欲しいねん……ついたら、わかるわ」

どういうことか、まったく意味がわからなかった。

思ったよりも祖母の体調がよくないのではと、Hさんは心配した。

実家に到着して車を降りる。他の兄弟や親せきが集まっているのだろう、家から騒がしくしゃべる声が聞こえてきた。なかにはいるとHさんは懐かしい家族たちに囲まれた。

「H兄ちゃん！」

「おかえり！」

久しぶり、と挨拶を交わして奥の部屋にいる祖母のもとにむかった。

「ばあちゃん！　ただいま！」

耳が遠くなっているのでHさんは大きな声で挨拶をした。

祖母は彼をみるとにっこりと微笑む。

「おかえり。アンタももどったんか。元気かいな」

「うん！　ばあちゃんは？」

「元気ハツラツ、オロナミンCやで」

祖母は布団に入ってはいるが、明るく以前と同じように冗談をいっている。

Hさんはひと安心した。母親はなぜあんなことをいったのだろうか。

夕食になって皆が集まり歓談したあと、大きなスイカがデザートでだされた。従兄弟の子どもたちや伯父たちがそれを食べているとき、母親と叔母が皿洗いをはじめたのでHさんも手伝った。

「そういえば車でいってた『今年は静かやから』って、どういう意味やったん?」

尋ねてみたが、無表情のまま母親はなにもいわない。

一緒にいた叔母がはっとして皿を洗う手をとめ、大きな目で彼と母親をみた。

「ホンマや。今年、静かや。そっか……」

叔母は洗っていた皿をシンクにおく。

そのまま顔をおさえてしゃがみこみ、しくしくと泣きだした。

動揺しているHさんを尻目に、母親も皿をおくと「大丈夫やから。仕方ないことやん。まだ決まったわけやないし」と叔母の頭を撫でて慰めている。

一体なんのことかと、また尋ねた。やはり母親はなにも答えず、

「ばあちゃんには絶対、言ったらアカンで」

哀しそうな目でそういった。

庭にでてみる。風に揺られた葉の音だけが聞こえる、まさに静かな夜である。

Hさんは煙草を吸いながら考えたが、わかるはずもなく結局ビールを数杯呑んでそのまま部屋にもどり眠った。


それからHさんは三日ほど実家ですごした。

帰り支度を終えたあと、挨拶をしようと祖母の部屋にいった。

「ばあちゃん！　帰るね！　また年末にもどってくるわ！」

そう挨拶すると祖母は手招きをした。

「ん？　どうした？」

「……ちょっと耳、貸して」

いわれるまま祖母の顔に耳を近づけ、祖母はささやくような声でいう。

「鳴いとるか、みてきてくれんね？」

「鳴く？　なにが？」

「セミよ。セミがようさん鳴いとるか、みてきて」

「セミ？　ああ、いいよ」

Hさんは玄関から外にでると耳をすませた。

雲ひとつない空は青そのものだったが、セミの声は聞こえない。

そういえば、ここにきてから一度でも聞いただろうか。

夜も虫の声ひとつ、耳にしなかったのではないだろうか――。

そう思った途端「わかった？」と後ろから母親に声をかけられた。

口元は笑っているが、目は真剣そのものだった。

「ばあちゃんにセミのこと聞かれたやろ。鳴いてたって、言うてや」


数年経ってはじめて真相を聞くことができた。

Hさんの住む村では何年かに一度、まったく虫が鳴かない夏があるのだ。

そういう年は老人が次々と亡くなっていく。ずいぶんむかしからいい伝えられており、どうしようもないらしく、村人はただ頭を垂らすだけだという。

その年、村ではHさんの祖母を含む十五人ほどの老人が亡くなった。

狂夫の話

最近、ある主婦から聞いた話である。

「お前さ、ちょっとこれ食べて欲しいんだけどさ」

旦那はそういって紙にのせたグレーの粉を差しだしてきた。

「なにこれ？　粉？　厭《いや》よ、汚い。なんでこんなの食べなきゃいけないの」

異物など口にしたくないと当然、妻は拒否した。

「これ食べたら大丈夫、病気に感染しなくなるから。食べてよ」

「なにいってるの？　アタマ大丈夫？　これなによ」

「これ食べると大丈夫っていってたから。ほら、はやく」

「厭だってば。いってたって誰がそんなこといってたの？　これなんなの？」

「ほ……いや、知らないほうがいい。いいから食べろって。強くなるから」

「強くなんかならないわよ。バカじゃないの！」

夫があまりにしつこいので、主婦は大声で怒りだした。

「オレ、お前に病気になって欲しくないんだよ。なあ、頼むよ」

「あんたね、いい加減にしなさいよッ。誰にそんなこと聞いたのよッ」

夫が指さす仏間の入口に目をやると、亡くなった夫の母親が顔をだしていた。

白髪の妙

このような表現を知らないだろうか。

「あまりの恐怖で一夜にして白髪になる」

漫画や映画ではよくある表現で「それほど恐ろしい目にあった」ということだが、実際にはないことだ。脱色や毛染めをした経験のあるかたならわかるが、毛は根本から伸びてくるので先はそのままである。ストローを通過するジュースのように、養分が通っているわけでもない。白髪になるときは絶対に根本から生えてくる新しい髪だけだ。

昨日まで黒かった髪が白くなるということは、物理的にはあり得ない。

ところが、それを経験したかたと逢う機会があった。

三十年ほど前の話である。

T田さんの長男は病弱な体質だった。まだ小学生だったが、病気がちでよく熱をだしては学校を休んでいた。

彼は負けず嫌いだったので、よっぽどでなければ自分から不調を訴えない。自分のよわいところを次男にみられたくなかったようである。そのぶん母親のT田さんが毎日、彼の体調を気にしていた。

ある朝、朝食をつくっていると目を覚ました長男がT田さんを呼んで、

「なんか躰、だるい」

珍しく自分からいいだした直後、その場で倒れた。

すぐに救急車を呼んでH病院に搬送される。

原因が特定できず、医院長は検査入院させた。

その数日後、検査結果がでた。

息子は骨の癌にかかっており、もう手の施しようがない状態と伝えられた。

現在では大問題だが、これを告知した医院長、実は他の患者の検査結果とT田さんの息子を間違えて伝えたらしい。それを知らないT田さんは当然、大変なショックを受けた。

夜、眠っている息子の頭を撫でながら、

(いったいなぜ、こんな若さで死ななきゃならないの)

そう考えると、涙が止まらなくなった。

声を殺して泣きながら神仏に祈ったという。

朝になっておきた次男が母親をみて、

「お母さん、髪の毛！」

T田さんが鏡をみると左側頭部から後頭部にかけて、髪が真っ白になっていた。

息子はそのあとも何度か体調を崩したが、二十歳になるころには自衛隊に入るほど健康になった。ただ、彼女の髪はあの夜から現在まで白いままである。


余談だが、ぼくはこの医院長と偶然、面識があった。

今回のT田さんの件は「検査結果を間違えた」ということだが、その点に疑問を覚える。この病院というか、おそらく医院長は診断ミスがとても多かった。ほとんどのミスは怪我や病気を軽くではなく、重く診断する傾向があったのだ。

裂傷の傷で指を切断された者、原因がわからないのに開腹手術を受けた者。その病院で治療を受けた数人のひとたちに逢うことがあったが、みんな口をそろえて「とんでもないヤブ医者だ」と憤慨していた。

念のために重く診断するというならば、子どもの親に余命を宣告するのはどう考えてもおかしい。ある患者は「医院長はわざと間違えている」といいきっていた。
本当に、意図的にそうしているのならば、これほど恐ろしいこともないだろう。
その後、医院長は別件のミスでついに逮捕され、病院は一度閉鎖された。
いまは経営者も病院名も変わり評判のよい病院になっている。

同じような医師が他にいないことを祈るばかりだ。

窓からの指示

Wさんが O L だったころの話である。

あるとき友人と一緒に旅行の計画を立てた。

彼女とは学生時代から仲がよく、同じ会社で働いたこともある。

ふたりで選んだ場所は温泉がある豪華なホテルだった。

シーズンではないこともあり、他のお客はすくなかった。

「いいお湯だね」

「本当、ここアタリだよねー」

大浴場はほとんど貸しきりの状態だったので、Wさんは存分に躰を伸ばした。

充分に堪能したふたりは部屋にもどった。

「ホント、気持ちよかったねー」

「うんうん。また朝になったら入ろうよ」

友人はテーブルの上のスマホを手にとった。

それをみたWさんは、自分の携帯を更衣室に忘れたのを思いだした。

「忘れ物しちゃった。とってくるね」

「はーい」

急いで更衣室にいき、携帯をみつけて、部屋の前までもどるのに十分もなかった。

ドアが少し開いているので、なかに入って施錠した。

「ごめん、閉め忘れたみたい。携帯、無くなってたら、どうしようかと思っ……」

友人をみるとベッドに座っているが、様子がおかしい。

スマホを握りしめたまま、真っ青になり震えているのだ。

「どうしたの？　顔色、悪いよ」

「……なんでも、ない」

Wさんがいくら尋ねても教えてくれなかった。

「ホントに大丈夫？」

「うん……ごめん。窓、閉めてくれる？」

さっきは閉まっていたはずの窓が開いていた。

いわれた通りに窓を閉める。友人は「ありがと」と下をむいた。なにかあったのは間違いない。そのうち自分からいいだしてくるだろうと、その日は諦めてWさんは眠ることにしたが——朝になって目をさますと友人の姿がない。

ひとりで浴場にいったのかと思ったが〈先に帰る〉と書かれたメモが置かれていた。電話をしたが応答してくれない。その後、Wさんは仕方なくひとりで帰った。

それからも友人とは連絡がとれなかった。

「ホント、ワケわかんないですよ。いったいなにがあったのか。でも一度だけ」

彼女から突然、メールがきたという。

〈ホテルで窓、開けてっていわれたから〉

その一行だけだった。

どういう意味か、聞いてみたがやはり返事はなかった。

「よく考えてみたら私……携帯を更衣室にとりにいくとき、ドアはちゃんと閉めた気がするんです。もどってきたときドアも窓も開いていた。状況から考えると、窓の外から『開けて』と誰かに頼まれたということかもしれません。なにかが部屋に入って——ドアからでていった?」

でも部屋はホテルの九階なんですよ、とWさんは首をかしげた。

ヘビと会話

T代さんの体験である。

彼女の息子が幼稚園のころなので三十年ほど前の話だ。

ある正月、G県にあるT代さんの実家に息子とふたりで帰省した。

新幹線が通る駅からはさほど遠くないが山奥にあり、この季節は見事な雪景色に変わる。息子は都会ではみられない光景に感動していた。

T代さんの父親は山で事故にあい亡くなっていたので、実家には母親がひとりで住んでいた。目にいれても痛くない孫との久しぶりの再会に大喜びしていたという。

その日は母親が作った料理を楽しんで三人で眠った。

朝、おきると息子の姿がない。

台所で食事の準備をしている母親に尋ねると「庭で遊ばしているよ」といった。

様子をみにいくと、厚着した息子が茂みのなかに頭をいれている。一瞬、転んで突っ伏しているのかとも思ったが、足をリズムよく動かしているので、やはり遊んでいるようだ。

なにをしているのかと思ってT代さんは後ろにそっと近づいてみる。

「……りだよ。でも……きたら。おかあさんが」

ひとりでなにかブツブツといっているので、話しかけてみた。

「そんなところで、なにしてるの？」

息子は後ろにさがって躰をおこし、

「しゃべってたんだよ、ヘビさんと」

「ヘビ？　ヘビなんているわけないじゃない」

「いるよ、ほら」

息子が指さした茂みのなかに真っ白いヘビが鎌首をもたげて、こちらをみていた。

びっくりしたT代さんは声をあげて、息子を抱きかかえる。動きに驚いたのかヘビは躰をくねらせながら、雪のなかにスルスルともぐっていった。

T代さんが母親にそのことをいうと「この季節にヘビなんかいるわけないじゃない」と笑っていた。

それから何年もときが流れて——。

ある朝、T代さんはなぜかおきぬけに、あの出来事を思いだした。

懐かしいなとぼんやりしていたが、息子のことが不思議に思えてきた。

（あの子……本当にヘビとしゃべっていたのかしら）

気になっておきてきた息子（この頃は既に高校生）に聞いてみた。

「……そんなの覚えてねえよ」

寝起きのせいか不機嫌そうにいわれた。しかし、夕方になって帰宅するなり、

「わかったよ、思いだした、白ヘビ！」と興奮気味に話しだした。

「あのときいたんだよ！　しゃべる白ヘビが！」

「あったでしょ、ヘビとしゃべったこと。なんてしゃべってたの？」

「それは覚えてない……でも！　話したのだけは覚えている！」

やっぱり、あのヘビと会話をしていたのだとT代さんは驚いた。

息子は「そうだ、そうだ」とうなずいていたが、急にその顔が曇った。

「でも、どうして嘘ついたんだろ？　祖母ちゃん……嘘ついたんだ」

「嘘？」

あの朝、息子は居間からガラス越しに「わあ」と雪に見惚れていたそうだ。

それをみた祖母が「雪で遊ぶかい？」と話しかけてくる。

うなずくと防寒のため服を何枚も着せられた。

庭に飛びだす前に祖母が——耳打ちしてきたという。

「あの草のところ。おしゃべりするヘビさんがいるから。挨拶しておいで」

彼女はしゃべれるヘビがいることを知っていた。しかし、こんな季節にヘビなどいないとT代さんには嘘をついた。その意図も意味もまったく謎のままだそうだ。

静かな家族

ヤンキーだったMさんが中学生のころの話だ。

クラスにIさんという男子がいた。笑い上戸の彼とMさんはいつも一緒に遊んでいた。

一度だけ、もうひとりの友だちと三人でIさんのマンションにいったことがあった。計画していたのではなく、夜遊びの延長でいこうという話になったのだ。

彼は快く承諾してくれた。

マンションの部屋に到着すると、Iさんの様子が変わった。

さっきまでニコニコしていたのが無表情——寡黙《かもく》になったという。

「じゃあオレ寝るから、この部屋からでるなよ。うちの家族、静かだから」

無愛想《ぶあいそう》にそういうとIさんは他の部屋にいって、それきりもどってこなかった。

てっきり三人で朝までおきていると思っていたMさんたちは「……なんだよアイツ」と文句をいった。部屋にはテレビもゲームもマンガ本もない。やることがないふたりは仕方がなく、持っていた空の缶コーヒーを灰皿にして煙草を吸いながら静かな声でしゃべっていた。

しばらくすると友だちが「トイレ借りるわ」と部屋をでていく。もどってくると、

「外にいこう」

そういってMさんの腕を掴んだ。

友だちの表情がけわしいので（もしかしたらIの親になにかいわれたのかも）とその言葉に従った。いきなり家にきた自分たちに非があると思ったのだ。

玄関をでるとすぐに友だちは走りだした。

驚いたMさんは「おい！」と声をあげ、あとを追いかける。

マンションから離れた公園まできたところで、友だちはようやく足を止めた。

「いきなり、どうしたんだよ！」

友だちはガタガタと震えながら、自分がみたものを話しだした。

部屋からでて廊下を歩き、トイレを探していた。

ようやくみつけて用を足し、廊下にでると前にガラス戸がある。

おそらく風呂場の入口だろう。

なぜかはわからないが——友だちはそこが無性に気になった。近づいて、そっと開けて

みる。お湯のないバスタブに、折り重なるようにひとが入っている。Ｉさんを含めた男女が五人いた。全員、瞬きもせずに大きく目を開けて、じッと友だちをみている。叫びそうになるのを抑えてガラス戸を閉めると、部屋にもどりＭさんを外に連れだした。

翌日、真相を聞きだそうとしたが——Ｉさんが学校にくることは二度となかった。

友だちは「とても人間にみえなかった」と震えていたという。

バチ不認識

怪談社の上間が取材でこんな男に逢った。

可能な限りレコーダーに録音されていた音声のまま記す。


ゆうれいの話？　どうするの？　そんな話聞いて。え、怪談師？

ははっ。いや、あんまり聞かない職業なんでね、思わず笑っちゃったよ。オレは家がすぐそこでさ、毎日この時間はここにいるけど、お前さんみたいなの、はじめてだ。悪い悪い。いやいや、いっとくけどバカにしてるんじゃねえんだよ。バカだと思っているんだ。

だって怪談師の「師」って偉いひとって感じだろ？　自分で「師」を名乗るなんてバカがすることだよ。恥ずかしくねえのか？　怪談師って名乗るの。それにオレはね、怖い話やら霊感やら守護霊やら怨霊やらを平気で口にだす輩《やから》が大っ嫌いなんだよ。ときどき本屋でそういうの売ってるけど、あんなのはどうなの。そっから話を探して使えばいいんじゃないの、自分の体験だって恥ずかしいウソついてさ。はっはっは。

ゆうれいなんかいないよ。ホントはわかってるんだろ、おめぇもよ。

そんなことをしてひとから金とるような奴は、あれだ、そのうちバチが当たるよ。

ゆうれいは信じないけど、バチが当たるなんてことは信じているのかって？

もちろんだよ、バチは当たるよ。だってオレ、知ってるもん、バチが当たった奴をさ。

なんだ、そんな話でもいいのかい？　ゆうれいなんか一匹もでてこねえぜ。

なんだそれ？　録音してるのか？　かまわねえよ。おたくと違って、なんにも恥ずかしいことなんかないからな。

そうだな、あれはいつごろだったかな。いまから十五年、いや二十年くれえ前になるな。そんときはよ、オレ掃除屋やってたんだ。おう、その通り。清掃業だよ。経営だぜ。まあ、経営っていっても社員はオレひとりだけどな。不景気だなんだって、世間じゃいろいろ騒いでたけどよ、会社は忙しくってさ。あちこちに呼ばれて走りまわっていたぜ。銀行や百貨店なんかによ。仕事内容？　床をピカピカに磨くんだよ。そうそう、あの機械みたいなので。ポリッシャーっていうんだけどな。もちろんワックスもかけるよ。

清掃業ったら大変なイメージかもしれねえけど、実際はほとんど楽勝だぜ。テキトーにやってテキトーに終わらせりゃ、むこうが金くれるんだからな。でも問題はよ、ひとりだってことだよな。「何人でやるから」って依頼してきたトコにいえば、人件費って名目を見積もりに書けるんだよ。ぜんぜん違うもんだぜ、売上が倍になるし。知ってる同業者も、自分は仕事せずにほとんど人件費だけで稼いでやがったからな。いいクルマ乗りまわしてよ、当時はベンツなんかもう安かったけどな。

とにかくよ、金欲しさで業者を使うようにしたんだ。派遣だよ、派遣会社。あのころの派遣はいまと違って、労働者とほとんど契約なんてしないからな。適当なもんだよ。適材かどうか選びもしないし、平気で約束も破ってくる。そこからきた奴らは日銭欲しさに派遣会社に連絡してきた、なんのとりえもないゴクツブシばっかりだし。そのかわりどう扱ってもいいから気は楽だけどな。どんくさい奴なんかすぐにぶん殴ってやったよ。ははっ。え？　酷いってか？　お前さん、わかってねえな。本当にすごいのがくるんだぜ。

機械やら洗剤やら、重い荷物も持つわけだよ、こっちは。それなのにガリガリのみるからに非力そうな奴や、やる気のなさそうな奴がきてみろよ。こっちも鉄拳のひとつやふたつ、ブチかまそうって気にもなるぜ。家庭があるから、借金してるから稼がなきゃなんていってるけど、そんなの関係ねーよ。まあ、いいよ。それでなんだっけ？

ああ、そうそう、アイツの話な。あのバカの話。派遣からきたんだよ、K太って名前の男が。歳はまだ二十歳やそこらだったかな。興味ねえから覚えてないや。

そいつがさ、もう、すんげえアタマ悪いの。ホントにすげえぜ。

車からアレとってこい、コレとってこいって、こっちがいうだろ。ぜんぜん帰ってこねえの。なにしてるんだあのバカがって、オレがコインパーキングにいくと、どこにもいねえ。仕方ねえから自分で荷物とりにいくだろ、一時間後くらいに帰ってくるんだ、これが。テメエ、どこいってやがったッて怒鳴ったんだよ。『パーキングの場所がわからなくて道に迷ってた』とか抜かしやがるんだよ。すぐにぶん殴ってやったね。鈍臭《どんくさ》い奴で毎回、オレをイライラさせやがった。派遣に電話したこともあったぜ。マシなのよこせよ！　って。

ある日、楽勝の仕事が入ったの。どういえばいいんだろうな、仕事内容と顧客が楽勝なんだよ。建物自体は二階建ての長細いハイツで、一階と二階、あと屋上で機械まわしときゃいいみたいな簡単な現場。なんだったらバケツに水いれて流せば本当に清掃した感じになる、そういう素材でできてる床があるんだよ。まさにリノリウムの床のようにな。

たいして汚れてもいねえのに、家主どもは金持ってやがるから。いいよな。世のなか平等じゃねえぜ。業者頼んだって事実だけが欲しいような客ってこった。けっ。

人件費が欲しいから派遣を呼んだら例のK太がきたんだよ。まあ、バカがきた最悪だって思って「またお前かよクズが」っていったら、あのバカ、すげえ厭そうな顔してさ。

派遣とはいえ、こっちは雇ってやってるのも同然だろ。腹がたってさ。「一階と二階はオレが機械でやるから、お前は屋上だ」ってモップとブラシを渡してやったよ。

機械とモップじゃどのくらいスピードが違うかって？　そうだな、機械なら三十分で終わるところをブラシとモップでやると……あの広さなら三時間くらいじゃねえのか。ただ、腕力でやるぶん、体力の消耗具合がハンパねえからな。しかも季節は真夏だ。そりゃその日はとんでもない暑さだったぜ。アイツ真っ青な顔して『手でやるんですか？　機械は貸してもらえないんですか』なんて抜かしやがる。テメエなんかに貸す機械はねえよって、すぐ屋上に連れていったよ。バケツに水いれてモップとブラシを投げつけて、終わるまでてくるなよって屋上の鍵を閉めてやった。あのときのアイツの顔ったら。げらげら。

オレはあっという間に終わってよ、昼時なんでひとりでメシ食いにいったわけよ。ゆっくりアイスコーヒーなんか呑んじゃってさ。ああ、そろそろもどろうかなーってもんだよ。途中コンビニによってさ、立ち読みもしたな。涼んでから現場にむかったよ。

屋上の鍵、開けてみたらアイツどこにもいねえんだ。モップとブラシは落ちてるんだよ。バケツの水はなんでか知らねえけど空になっていたな。あの野郎、どこいきやがったって探したけど、どこにもいねえんだよ。（あのバカ、逃げやがったな）って思ったね。鍵かけていたし、どうやって逃げたのか最初はわからなかったけど、屋上っていっても二階建ての屋上だから高さが知れてるんだよ。パイプかなんかつたって下りたんだろうな。仕方ねえから適当に片づけて、車に乗りこんだんだよ。すぐに派遣に電話して「クソガキが逃げやがったぞ！　どう責任とってくれるんだッ」って怒鳴ってやったよ。

翌日だよ。アイツが死体でみつかったの。屋上から必死で逃げて駅にむかってる最中、倒れてやがった。熱中症だってよ。そのまま意識がもどらず、くたばりやがった。仕事を放って逃げてバチが当たったんだ。そのままオダブツ。ざまみろ。

でも考えてみればそのあとからだな、オレの運が悪くなったのも。どうせ同業者の仕業だろうけど、いい加減な作業だとか悪いウワサ流されたり、仕事がぜんぜんこなくなったり。結局、車の事故でこの義足だよ。あ？　この顔の火傷か？　そうだよ、事故のときのだよ。すげえだろ。なんせ事故ったときに足が挟まったまま、車が炎上しやがったからな。

この傷、夏になると日差しでなぜかズキズキ痛むんだよ。たまんねえよ。とにかくアンタもK太みたいになりたくないなら真面目に仕事しな、バチが当たるぜ。

ジュゴン

都内で事務職をしているJさんは、霊能者にあったことがあるらしい。

その当時、彼女のまわりでは不幸な出来事が連続しておこっていた。実家の父親が病で倒れ、近所に住む伯母が事故で大怪我をし、母親がボヤ騒ぎをおこす。

「他にも祖父が転んで骨折したり、妹が婚約破棄になったり……」

厭なことが多いので電話が鳴るたび、また不幸な報せじゃないかと憂鬱になった。

Jさん自身も仕事でミスが多くなった。単純な失敗ばかりだったが上司に呼びだされて注意された。精神的に弱っていたので、態度と顔にもでてしまっていたのだろう「もしかして私生活でなにかあったのか？」と尋ねられ、Jさんは悪いことが重なっている近況を相談した。上司は聞いてくれたが、どうしようもない問題ばかりなのでアドバイスのしようもない。

「一度、お祓いを受けてみたらどうだ？」

「お祓い……ですか？」

別にそういったものを信じちゃいないが、と上司は財布から名刺をだしてきた。

「これで気分が変われば、ネガティブな気持ちもなくなるだろ」

受けとった名刺をみると、漢字ばかりの変な名前が書かれていた。書かれていた名前はむかしの暴走族が使いそうな漢字の並びで、まったく読めなかった。

うさん臭かったが（お祓いで状況が変わるなら）とJさんは電話をかけた。

「はあ、もしゅもしゅ。寿権祝家正宗圭でごじゃいましゅ」

「え？　もしもし？　じゅご……寿権さんでしょうか」

「はあ、そでしゅ。寿権祝家正宗圭でごじゃいましゅ」

どこからが苗字でどこからが名前なのか、さっぱりわからなかった。

変に声も高くて早口な上、滑舌も異常に悪い。名刺の読み方がわからず、名前を聞きとろうとしたが無理だった。かろうじて「ジュゴン」という言葉だけは聞きとれた。Jさんは上司から紹介されたことを伝えて相談する日時を決める。「あの……不躾《ぶしつけ》なんですがと値段を尋ねた。そこも聞きとるのに時間がかかったが、意外に安かった。

そして約束の日になり、指定された喫茶店にいく。

「喫茶店？　店やテナントビルではないんですか？」

ぼくはJさんに尋ねた。

「え？　普通そうじゃないんですか」

「ええ、まあ、どうなんでしょうか……すみません、続けてください」


店内にはいるとJさんは、すぐにその男性をみつけた。

寺の住職のような恰好で、店のお客の誰より目立っていたのだ。

ちょっと恥ずかしいな、と思いながら男性に近づいた。

「あの……じゅ、じゅごん……さんですか？」

「はじしゅて。わたしゅ寿権祝家正宗圭でしゅよろしゅくお願いしましゅ」

電話と同じようになんといっているのか、わかりにくかった。

ウエイターがやってきてアイスコーヒーを頼む。

ジュゴンさんは服装に似合わず、ミックスジュースをストローで呑んでいた。

集中すれば名前以外は聞きとれ、ちゃんと会話が成立するということを信じたJさんは、最近の不幸な出来事の数々をジュゴンさんに説明した。彼は目鼻立ちがハッキリとしていたので、もしかしたら日本人ではないかもしれないと思った。

「しゅれは大変ましゅたね、家でかわたことありまゆか」

「家で変わったことですか……そうですね、なにかあったかなあ」

「たとえばしょうでしゅね、ちゅめちゃい、みじゅがおちゅてくるたか？」

「はい？　なんですか？」

何度か聞きかえして「水が落ちてくるか」と仰っていることが発覚した。

「水……いえ、特にないですね。マンションだし」

「じゃやしゅでしゅね……いにゅわいしゅか？」

「はい？　なんですか？　いにゅ？」

何度か聞きかえして「犬はいますか」とお聞きになっていることが判明した。

「犬……いえ、飼っていません。以前、猫はいましたけど」

「にゃあ、にゃんだろ」

途中ふざけているのかとも思ったが、どうやら本気のようだ。

方言か。日本語をまだ覚えてない外国人か。それともこのひと自身がとり憑かれているのか――。相談したい内容の他にも新たな謎がJさんのなかで芽生えはじめていたが、お互いの緊張が解けてきたせいか、ジュゴンさんの言葉はさらに難解なものに変わってきた。

「ちしょりあえじゅ、おひゃらいしましゅか」

「ちしょ……なんですか?」

「おひゃらいでしゅ」

「おひゃ……ああ、お祓い。とりあえずお祓いをするか、ですか?」

「しょうでしゅここでもが、ちょっちはじゅかしゅいかもしゅれましぇん」

とにかく「しゃ」「しゅ」「しょ」が多すぎた。

話を聞いてるJさんも、この原稿を書いているぼくも、わからなくなってきた。

「お祓い、できるならお願いします」

「わきゃりましゅと」

懐から数珠をとりだすと、その場に立ちあがった。

ぞくッとJさんに寒気が走る。いま、ここで——。

「ちょっと、まさかジュゴンさん!」

ジュゴンさんは深呼吸をすると、目を閉じて手をあわせる。

「臨ッ! 兵ッ! 闘ッ! 者ッ!」

これ以上ない大きな声と、彼にしては良い発音で九字を切りだした。

「わッ、わわッ! 他のお客さんに迷惑がッ」

「皆ッ! 陣ッ! 列ッ!」

「ひええ、やめてくださいッ」

「在ッ！　じえぇんッ！」

「ゼンやろが！　せめてちゃんといえ、このジュゴン！」

どんなに怒鳴っても、もはやJさんに彼を止めるチカラはなかった。他のお客がざわつく。店のウエイターたちも制止しにくる。それでも彼は止まらず、次はお経を唱え始めた。彼女は混乱して必死にごまかそうとする。

「すみません、このひと病気なんです！　患者、クランケです、そこの病院の！」

もう治まりますから、と強引に誤魔化《ごまか》した。

それらにまったく動じず、クランケは読経を続ける。Jさんはその場を逃げだしたかったが動けず、恥ずかしくて引きつった笑みを浮かべるので必死だった。

五分ほど続いた地獄の時間は「キョーッ！」という叫び声で終了した。


ぼくは面白すぎる状況に大笑いした。

Jさんは「笑いごとじゃないですよ」と怒った。

「どうしたんですか、そのあと」

顔を真面目モードにもどしたが遅かったらしく、彼女は唇を尖らせて、

「……お金を渡して、もう結構ですっていいましたよ」

「いくらだったんですか？　そのお祓いの……」

ぼくは口を手で抑えて、なんとか笑いをとめた。

「六千円！　ええそうですよ、わざわざ六千円払って恥ずかしい思いしました！」


「もうだいじょでしゅかあ」

ジュゴンさんは意味不明なことをいうと、お金を受けとって喫茶店をでていった。

Jさんもすぐに退店したかったが、まわりのお客の視線が痛すぎて逆に動けない。

（しばらく……じっとしておこう）

そして水の入ったコップを手にとる。

「え？」

コップを思わず両手で包んだ。

氷が解けているアイスコーヒーもジュゴンさんが呑んでいたミックスジュースにも触れる。端に置いてある砂糖の入ったポットにも触れてみた。

テーブルにあったすべての物が——熱いのだ。水はまるで湯のように。アイスコーヒーやジュースはレンジで温めたように熱くなっている。

（どうして……さっきまでは確かに冷たかったのに）

「お祓いのせいだと思いますか？」

「わかりません。ただその夜、すぐに家族や親類から電話がきました」

父親の体調がよくなった、妹が彼とヨリをもどした。

そういった吉報ばかりだったらしい。

「帰ってすぐ名刺を破いたので、名前の読み方がわからないままなんですよ」

怒って捨てるんじゃなかった、とJさんは笑った。

来訪者と呑んだ話

久しぶりに逢った友人が妙な話を始めた。

彼は会社の寮に住んでいる。そこは３ＤＫのマンションで、ひとり一室与えられキッチンやリビングなどはみんなで使うといった具合だ。つまりマンションひと部屋に三人の社員が住んでいるということになる。会社はいくつも部屋を借りていたので、そのマンションのいくつかのフロアは同じ会社の社員ということである。

しかし、友人が住んでいる部屋は人数にあまりが発生し、ふたりしか住んでいない。同居人の同僚は明るい性格で、夜になったらひとりで晩酌を楽しんでいた。

ある休日の朝のことである。彼女の家に泊まっていた友人が寮に帰ると、リビングで同僚が寝ていた。裸だったので「なにやってんだ。風邪ひくぞ」と声をかけた。

同僚は目を覚まし「寒っ」と股間を隠し、風呂にむかった。

ときどき他の社員がきて宴会みたいになっていることがある。昨日もそうだったのかもしれないな、と友人が考えていると、そのうち同僚が風呂からあがってきた。

「昨日、超可愛い子がきてさ。ここで一緒に呑んでたんだよ」

「おんな連れこんだのバレたら怒られるぞ」

「いや連れこんだワケじゃないんだよ。きたんだよ、むこうから」

なにいってんだ、と友人が話を聞く。

同僚がいうには、いつものようにひとりで晩酌をしていたらインターホンが鳴った。時間をみると深夜の一時を過ぎていたので誰だろうと玄関にいくと、見知らぬ女性が立っていて、その女性と一緒に呑んでいたという。

「なんじゃそりゃ？　誰なの？」

「知らない。なんか愛想のいいおんなだった。一緒に呑んだ」

同僚は昨夜のことを思いだしているようで、楽しそうな表情になった。

「お前知らないおんな家に入れたの？　大丈夫かよ、それ」

「むこうも酔っぱらって部屋間違えてきたんじゃないの。知らんけど」

「で、何者だったの？　名前は？」

「わからん。答えなかった。なんか愛想が良かった」

「さっきも聞いたよ、愛想は。あ、裸ってことは、お前ヤったの？　その子と」

「ヤった。可愛かった。でも、いつ帰ったんだろ？」

同僚がやたらと可愛かったというので、友人は気になってきた。

「誰に似てるとかある？　とか聞いてもなあ……あ、そういえば」

友人はマンションのインターホンが、最新のものということを思いだした。

防犯の機能なのか、鳴らした時点で数分は録画されるタイプなのだ。

「あ、そっか、それで録れてるはずだわ」

「おう、ちょっとオレがどんな可愛い子ちゃんか、みてやるよ」

ふたりで設置されたインターホン応答機のところにいき、再生ボタンを押した。

インターホンが鳴った時間が表示される。確かに昨夜の午前一時に録画履歴があった。

友人はなぜかどきどきしながら、カーソルをあわせ再生ボタンを押す。

画面にいっぱいに顔が映り、友人は「うおッ！」と声をあげた。

黒目しかない釣り目のおんなが固まった笑顔でこちらをみている。その角度はほぼ直角といっていいほど真横をむいているが、躰はまっすぐだ。お面のような顔だが微かに唇が動いていた。がちゃりと玄関が開いて『はあい』と同僚。おんなは同僚がでてきても、顔を横にむけたままで笑っていた。

『え？　どなた？』

おんなはなにも答えずに、ただ笑っている。

『もしかして家、間違えた？』

顔を真横にむけたまま、笑っている。

『いま呑んでるんだけど、一緒に呑む？』

どこをみているのかわからないが、笑っている。

真横の角度で笑ったまま、招かれるまま家に入っていった。

「お前ッ、なんだよこれッ」

同僚は「はあ、はあ、はあ、はあ」と息を切らせて、後ろにさがる。

「めちゃくちゃ怖いんだけど！　なんのドッキリなんだよッ」

同僚は指さして「はあ、はあ、この、おんな……」と真っ青だった。

「誰だよ、このおんなッ。首折れてるぞッ。気持ち悪すぎるだろッ」

同僚は口をパクパクさせて「こいつが、ここに、いた」と胸を押さえている。

「なんかの冗談だよッ、マジで鳥肌立ってるんですけどッ」

「ち、違う」

「なにが違うんだよッ」

うしろッ、お前の、みろッ、おんなッ、おんながまだ、部屋にいる。

骸骨の話

Sさんという男性の小学一年生のころの体験談である。

昼休みも終わろうかとしているそのとき、廊下のあたりが騒がしい。

なにごとかと思い、Sさんも廊下にでると、女子トイレの前に大勢の児童たちが集まっていた。大勢とはいっても、そこは一年生と二年生だけの校舎の一階、そのため全校生徒というほどではないが、それでも百人以上は集まっていて、小学校低学年特有の、まるで幼稚園児たちが叫ぶような乱雑な状態になっていた。

Sさんは知っている友だちをみつけて、なにがあったのと尋ねる。

女子トイレの天井の板が外れて骸骨が顔をだしているという。

Sさんは驚き、骸骨を怖がりつつ、それみたさに乱雑な児童の群れに自ら飛びこんでいった。ほとんどの子が悲鳴をあげて押しあいへしあいをしているので、もみくちゃにされながらSさんは女子トイレのなかに入っていった。

天井を見上げると、なるほど、確かに天井板がいちまい剥がれ落ちて、天井の内部が丸見えになっている。だが、綿が吹きつけられたパイプがあるだけで、友だちがいっていた「骸骨」なるものは見当たらない。

Sさんと一緒に、流れるように女子トイレのなかまでやってきた、横にいた他のクラスの見知らぬ女子は、天井の内部をみるなり「本当だッ、骸骨だッ」と悲鳴をあげた。

そのうち先生たちがやってきて騒ぎは治まったという。

Sさんは「吹きつけられたパイプや天井の内部をみて、存在しない骸骨をみたという集団ヒステリーの典型的な例ですよね」と笑った。

「しかも、わざわざ大勢の群れのなかへ衝動的に飛びこんでしまうなんて、ホント典型的な行動といえるんですけど――不思議なことがひとつあるんです」

大人になったSさんは、ある日あの騒ぎを思いだした。

あれはなんだったのだろうと気になり、ネットで自分の通っていた小学校のことを検索した。もしや先生たちが隠しているだけで、あのとき、実は本当に白骨があったのではないか――そうでもなければ、あそこまで騒ぎになったのは納得ができない――そんな疑念に囚われたのだ。そして、あの小学校、あの女子トイレ、あの天井で、白骨が本当にみつかっていたことを知った。

しかし、その検索結果がでたせいで、さらによくわからないことになった。白骨が発見されたのは、Sさんが小学校を卒業して五年も経ってからだったのである。

御札探し

怪談社の手伝いをしてくれたこともあるＹ内さんの話だ。

あるとき彼は友人たち三人と旅行にいくことになった。

Ｍ県にあるちいさな民宿である。

雰囲気のある古い建物が好きだった彼らにとって、その宿は理想的だった。

「おお……いい感じにボロいね！」

老夫婦が出迎えてくれた。

「ようこそいらっしゃいました」

深く頭をさげる愛想のいいふたりに「よろしくお願いします」と声をそろえた。

旅行シーズンでもなく、近くに観光名所があるわけでもない。

民宿には他のお客はひとりもおらず、とても静かなものだった。

「こちらがお部屋になります」

優しそうな老女に案内されて部屋に入った。

お茶を淹れると「では、お食事までごゆっくり」と老女はもどっていった。

「……いきましたか」

「ええ、いきましたね」

三人はニヤリと笑って「では、始めますか」と立ちあがった。

押入れを開けて覗きこむ。飾られた絵の額縁を壁から外して裏を確かめる。

「いやいや、おふたりとも落ちついて。こちらはいかがですかな」

壁から時計を外してその裏をチェックした。

彼らは「御札」を探すのが好きだったのだ。旅館や民宿にいくと必ずやり始める。

みつけてどうというわけではない。もし御札がみつかったら、ゆうれいがでるのか。部屋でなにかあったのではないだろうかと、いちまいの御札だけで、いろいろな想像をすることにロマンを感じていたのだ。

「どうやらこの部屋に御札はないようですな」

「大丈夫ですよ、ダンナ。部屋はもうひとつ、ありますから」

奥の部屋に移動して「ではまずこちらから」と掛け軸をめくってみる。

御札が無数に貼られていた。

さすがにこれだけの数がみつかるとは思っておらず、三人ともゾッとした。

夕食のときも夫婦は優しかった。

「どんどん食べてくださいね、おかわりもありますよ」

「あの……掛け軸の裏に御札が貼ってたんですけど、なにかあったんですか？」

友人が突然、切りこんだ。

「ああ。いいえ、あれに意味はありませんよ」

夫婦には動揺などみられずニコニコと答えていた。

夜になっても特に変わったことはおこらなかった。

翌日、民宿をでるときに夫婦に挨拶をした。

「お世話になりました。ご飯も本当に美味しかったです」

「いえいえ。それはよかったです。二度とこないでくださいね」

やはりニコニコとした笑顔でそういった。

親戚の話

ある主婦の体験談である。

親類のひとり、叔母が闘病生活の後、病院で亡くなった。

主婦は亡くなった叔母とは性格があわず、大変に嫌っていた。

同じように叔母も主婦を嫌っており、ようするに仲が悪かった。

そのため、叔母のお見舞いにも一度しかいったことがなかった。その一度のお見舞いも相当に雰囲気が悪いものだったらしく、一緒にいた他の親類たちにかなり気を使わせたという。

葬儀のとき、こんな話を聞いた。

「あんた、一度だけ見舞いにきたろ、あのあと変なことがあったんだよ。病室に飾っていた、たくさんの観葉植物、あれ全部が次の日には葉っぱが真っ黒になって、あっという間に枯れたの。あれは多分、叔母さんのマイナスの気持ちに植物が耐えられなかったんだよ」

主婦はそれを聞いて、

「叔母さんも私のこと嫌ってたものね、でも、もう会うことないから」

そういって笑った。

葬儀のあと帰宅して、リビングに入る。

なにか違和感があって、まわりをよくみると。

リビングに飾ってある植物がすべて真っ黒になっていた。亡くなった叔母がここにきていたかのように——そう考えると、すっかり怖くなったという話である。

ぬいぐるみの話

ある女性の娘がまだ幼いころ。

大切なクマのぬいぐるみがない、あのクマと一緒に眠りたいと騒ぎだした。

玩具部屋に探しにいくとクマのぬいぐるみは、ころんと転がっていた。

手にとると温度があった。

(なんか、このぬいぐるみ、温かい)

不思議に思いつつも娘に渡した。

娘がスヤスヤと眠ってから、そのクマのぬいぐるみを何気なくみつめる。

クマのほうもこちらをみているような気がした。

再び考えなくぬいぐるみを手にとると、やはりなにか温もりを感じた。娘が抱いて眠っていたものだから、娘の躰に接している部分に娘の体温が移った――それならば、まだ話はわかる。娘の躰に当たっていない片手の部分や耳の端まで温もりがあるのは、やはり妙に思えた。

これもまたなんとなく、なんとなくだが——胴体に頬をあてて、クマのぬいぐるみの体温を感じようとした。胴体から心臓の鼓動のような音が響いている。

驚き、ぬいぐるみを落とし、後ろに下がった。下がると同時に、ぬいぐるみはムクリとおきあがる。こちらに顔をむけてゲタゲタ笑ったという話を、ここに記す。

そのぬいぐるみは、海外の中古製品を専門に扱う店で購入したものである。

自由になった話

ある会社員、Cさんから聞いた話だ。

彼の父親が亡くなった。父親は、病に臥《ふ》せってから車椅子で生活していて、いきたい場所にもいけないという晩年を送っていたようである。葬儀に参加した家族は「やっと自由に、どこでもいけるようになったな」と父親の旅立ちを見送った。

それからしばらく経って——四十九日が過ぎようとしていた、ある夜。

目を覚ましたCさんは、用を足すため家の廊下を歩く。

トイレよりも先——廊下の奥、ぽッと淡い灯りが浮かんでいるのに気がついた。

あれはなんだろうかと灯りにむかって進んでいく。

天井近く、まるで火の玉のようなひかりの下に亡くなった父親の姿があった。

Cさんが「親父」とつぶやく。

父親は声に反応したかのようにCさんのほうをみた。

ゆっくりと片腕を前にだしながら、口を開く。
おれは死んだ、苦しい、たのむ、たすけてくれ。
――死んだから、楽になった。自由になった。これでどこにでもいける。
そう思うのは生きている人間の勝手な考えなのだと、Cさんは悟った。

山怪の話

山での怪異というものは、特に珍しいことではないらしい。
山岳地帯に住んでいる者ならまだしも、日常とかけ離れた状況にいるのだから錯視や幻覚のようなものも含まれるだろうが、聞いた怪異をここに連ねる。

年に一度、事故があった日には、山の上にゆらゆらと揺れる光が浮かぶ。
テントを張ろうとすると男が現れ、首を振ったので違う場所に変えた。
森から聞こえてくる叫び声が、何度聞いても「誰かーッ」と聞こえる。
躰が大きすぎる男が吹雪のなかに消えていく。
ときおり山から麓にむかって「おーい、おーい」という呼び声が聞こえてくる。
大勢が行進するような足音があたりに響いてきた。
深夜、山中の公園のベンチに日本兵がひとり座っていた。

誰もいないのに、ざくざくと雪道に足跡ができていくのを目撃した。

車に乗った男女が山を走っていると、整列するたくさんの影とすれ違った。

山に肝試しにいった数名が行方不明になった。その数名のひとりから「なんとか無事だった、家に帰れたよ。もう山には登らない」という電話を受けた者がいたが、そのひとりも他の数名と同じように凍死体で発見された。

事故を忘れないようにと建てられた慰霊碑の前で、敬礼している男たちがいた。

事故のことを調べていると、指や顔の一部を失った男が現れる夢をみた。

山にあった無人の別荘、その固定電話から119番通報があった。

亡くなった仲間の供養のため、麻雀台を持って山に登る。そこで出会った男と麻雀を楽しんだが朝になったら男は消えていた。

建てられた某資料館にいったあと、展示されていた写真の人物とすれ違った。

肝試しにいくと、かなり高い確率で発熱して寝込み悪夢をみる。

話を録音したテープにノイズが入り、録音の邪魔をしていた。

迷ったとき、子どもが現れて道案内をして助けてくれたのち、消えた。

迷ったとき、蝶が道案内をしてくれて、山をおりることができた。

迷ったとき、どこからともなく聞こえる声に従って進むと、さらに迷った。

歌が聞こえるが、なんの歌でどこから聞こえるのかわからない。

あるはずのない小屋を発見したが「みるな」と先輩にいわれた。

たき火をしていると、遠くからこっちをみている顔が浮かんでいる。

助けを求める声のほうへ進むと、滑落事故で亡くなった遺体があった。

キャビンですごしていると、外の吹雪から笑い声が聞こえてくる。

白骨と首吊りのロープがあったが、頭蓋骨だけがロープより上の枝にあった。

仲間たちと登山中、いきなり血を吐いた。異常なので下山したそのあと、進んでいたルートで雪崩がおきたことを聞き、九死に一生を得ていたことを知った。

ある地点でリュックが重く感じた。不思議に思って後ろを振り返ると、崖の下で着物姿の見知らぬおんなが目を見開いて、こちらにむかって手招きをしていた。

遺書と折りたたまれた服をみつけるが、装備なしでひとが登れる崖ではない。

山に登っている途中、妻が下山しようといいだした。体調が悪いのかとも思ったがそうではない。さっきからずっとついてくる男がいるという。振り返ったが誰もいない。仕方がなく山を下りたあと、どんな男だったのか尋ねる。あなたとまったく同じ顔した男で、ずっとニヤニヤ笑ってついてきていた、と答えた。

吹雪の雪原で、ひとりぽつんと立っている男性を確認した。

夏にテントを張って眠っていたところ、ふと目が覚めるとテントの入口のチャックが開いており、そこから何人もの男たちが顔をなかに入れて、じいッとみていた。

家に帰ると祖母から電話があり「山に遊びにいったろ。山の神さまが私に文句をいいにきてるよ、いま」と話した直後、その祖母は心臓麻痺で急死した。

わかりあえる話

その霊媒師がいうには除霊とは『北風と太陽』と同じシステムらしい。

物語『北風と太陽』では、旅人からマントを剥がすのに北風は強い風を冷たく吹きつけた。旅人は寒さでマントが離れないよう、北風の意に反して強く握りしめた。

太陽は暖かい陽気な陽で旅人を照らした。じっくり照らしていると、暖かさでぽかぽかしてきた旅人はすんなりと自らマントを脱いだ。

「つまり——無理やり剥がそうとすれば、相手は執着してくるということです」

「人間でもそうですものね」

「でも、優しく話せば、理解してむこうから自発的に離れてくれる」

「根気のいる仕事ですよね、本当に」

どうもそういうことらしい。

「言葉が通じるってことですよね？」

「まあ、そういうことです。もともとは人間ですから」

「除霊ってどのくらいの時間がかかるものなんですか？」

「ひとによりますが、そうですね。だいたい一時間くらいですかね」

「長いのか短いのか、わかりませんが思ったよりは短いかもしれません」

「長いときだとひと晩かかることもありますよ」

「ひと晩中ですか？　それは大変ですね」

「そうですね、大変です。一時間でもじっくりしなきゃいけないのに、ひと晩だと流石《さすが》に体力的にもクタクタになってしまいます」

目にみえない存在に語りかけるのは、思ったよりも大変そうだ。

「じゃあ、話せない状況ならどうでしょう。金縛りにあってるときとか」

「こころで念じれば通じます」

「こころ、ですか」

テレパシーのような能力だ、などと思ってしまった。

「はい。結局は気持ちって、どんな相手にも通じるものなんですよ。表情もちゃんと相手に伝わりますから。余裕を持って慌てずに念じるのです」

「じゃあ、時間がないときはどうでしょう。はやくしなきゃいけないとき」

「除霊にそんなシチュエーション、ほとんどありませんよ」

「ちょっとバカな質問ですが、例えばお腹痛いときとか余裕ありませんよね」

これは怒るかなと思ったが、さすが余裕のひと。まさに余裕で答えた。

「ふふ。ありえますよね、確かに。お腹が痛いと表情も難しそうですね」

「でしょ？　そういうときはどうするんですか？」

「そういうことにならないよう、あらゆることを想定して、躰を整えておくんです」

「それでも体調が悪かったら？」

「そうですね、もしも体調が悪かったり、または悪くなりそうになったら、除霊は別日にしてもらいますかね、やっぱり」

「なるほど、その手がありましたか。抜かりはありませんね」

「はい。この道のプロフェッショナルなので」

「なんかすみません、いろいろと失礼な質問しちゃって」

「いえいえ。でも、いつかくるかもしれません。急がなければいけない除霊が」

「はやく諭《さと》さなきゃダメですよね、そのときは」

そんな冗談をいってふたりで笑っていた。

しかし、その急ぎ除霊のシチュエーションは本当にやってきた。

ある朝、その霊媒師は布団のなかで冷たくなっていた。

あれだけ余裕といっていたのに、どういうことかと不思議に思った。

死因は睡眠中の呼吸困難による急死だった。

理由がわからなかったが――霊に首を絞められたかもしれない、と考えると納得ができた。どんなに鍛《きた》えた人間でも、息ができなければ十分以内に窒息死する。

説得する時間がなかったのなら、これはこれで仕方がない話である。

同じ屋根の下の話

U太さんが子どものころの話である。

実家の台所の横にある部屋、そこにおんながいたという。

すらりとした細い体形、長い髪で大きな黒目が特徴的な若いおんなだった。いつも部屋に閉じこもり滅多に顔をださない。両親が不在でU太さんが留守番をしていると、部屋からでてきて家のなかをうろつくことがあった。目があっても反応はなく、あちこちの部屋を歩きまわって、いつの間にかいなくなっている。なぜかいつも片手にバイオリンのような楽器を持っていたが、弾いているところはみたことがない。

両親はおんなのことを知らないようだった。なぜかはわからないが、U太さんもおんなが何者か追求せず、ときどき現れる見知らぬひととしか認識していなかった。

U太さんはそのおんなを「お姉ちゃん」と呼んでいた。

何度も呼びかけたことがあったが、彼女が呼びかけに答えたことはない。

「あ、お姉ちゃん。久しぶりだね」

「こんにちは。もう少ししたらお母さん帰ってくるよ、お姉ちゃん」

「お姉ちゃんって、いつも奥の部屋でなにしているの?」

一瞬だけU太さんのほうをむくこともあった。

だが、それだけで、ほとんどは反応がなく、喋ったところもみたことがない。

U太さんが小学二年生になるころには、おんなはいなくなった。

――きっとお姉ちゃんはゆうれいで、子どものときだけみえたんだ。

そう思ったのはU太さんが大学生になったあたりのことらしい。

このまま誰にも話さず忘れていくのだろうと考えていた。

先日、妻と長男を連れて実家に遊びにいった。

U太さんの長男が「おんなのひとがいた」といいだした。U太さんの記憶がよみがえり(お姉ちゃんだ)と嬉しくなった。そこでU太さんは母親に思い切って話してみた。子どものころ、台所の横の部屋から楽器を持ったおんなが現れて、ときどき家のなかを歩きまわっていたこと。そして、自分には亡くなった姉はいなかったか。もしくはこの家にむかし音楽家の女性が住んでいたかと尋ねた。

母親はこう答えた。

「台所の横の部屋ってどこ？　そんな部屋ないよ」

妹がくる話

ある男性が子どものころ、幼い妹が車に轢かれて亡くなるのを目撃した。

妹は笑いながらお兄ちゃんのところにいこうと歩き、道路を渡ろうとして轢かれてしまったのだが——実はその男性、車がきていることを知っていた。このままだと轢かれてしまうこともわかっていた。何度注意しても道路にでてしまう妹が少し痛い思いをすればいい、そうすればもう道路にでないだろうと考えてしまったのだ。

そのときは男性も幼稚園児だ。どうなるかの想像が足りていなかったのだ。

妹は木の葉のように宙を舞って落下し、そのまま息をひきとった。

悲しむ両親に「実は知っていた」などといえなかった。救えたはずの妹に対し、申しわけない気持ちが強く残り、このことを誰にも話さぬまま大人になった。

そして、ある時期から同じ夢を繰り返しみるようになった。

あの道路を妹が渡ろうとする夢だという。過去と違って車はないが、よちよちと歩きながらむかってくる妹。その顔は（お兄ちゃんをみつけた）という嬉しさに満ち溢《あふ》れている。歩いてはいるが、一向にこちらへ近づけない。そんな夢だった。

朝おきるたびに夢のなかの無邪気な笑顔を思いだし、後悔の念が襲ってくる。

「――すまない」

良心の呵責《かしゃく》からそんな夢をみると思っていたのだが、変化が現れ始めた。

近づいてくる妹の表情から、だんだんと笑みが消えて無表情になってきた。

歩いているのに道路のむこう、つまりこちら側に到着しないのは相変わらずなのだが、その代りに「割れた音」が聞こえてきた。その音は妹が口を動かして放っているもので、スピーカーで音量を上げ過ぎたように聞こえる「割れた音」。字にするなら、ぐおんッと一定のリズムが整った、間を置かず繰り返し聞こえる妙な音だという。無表情で、口を動かし音を発しながら近づこうとする死んだ妹――これがいったいどういう意味をさしているのか不明だった。そしてその無表情な顔はどういう感情が込められているのかもわからない。恨みでないことだけを祈った。

ある日、妊娠した妻に付き添い、産婦人科医院へいった。

超音波検査機器で胎児のエコー映像をみていた。産婦人科医が画面を指さして「この影は手ですね。この影は足です」と笑顔で説明をしてくれる。

まだ産まれていないのに、もう既に可愛く思えた。

「じゃあ、これを耳につけてください、赤ちゃんの心臓の音が聞こえますよ」

聴診器を妻のお腹にあてると、妹が復讐のためもどってくる音が聞こえた。

椿が落ちた話

趣味で占いをやっているTさんは一度だけ、妙な感覚を体験したことがある。

その日、Tさんは自分の占いブースの場所を、どこにしようか迷っていた。

催しの看板は「フリーマーケット」だ。他のブースは、家にあった古着や小物、いわゆるリサイクルの要素を含む売り物がほとんどだ。

そのなかでサービス的なもの――占いのブースをだしたのはTさんだけだった。

「あまり目立たないけど……ここにしようかな」

Tさんは公園の敷地内を一周して、椿の木の下を自分のスペースとして選んだ。

ちょうど開花している時期で、占いと椿の組み合わせはかっこいいと思った。

しかし「フリーマーケット」だけに当然、商品を買いにくる方々ばかりだ。

Tさんのブースは公園の端でほとんどひとがこなかった。ときどき前を通る家族連れがいても「みて。占いだって」といって、通りすぎていくだけだった。

「やっぱり、あっちの入口に近い場所のほうが良かったかな」

移動させてもらえるものなのか、主催者に尋ねにいこうか考えていたとき。

「占い、してもらおうかしら」

ひとりの中年女性がTさんに声をかけてきた。Tさんの前に座ってもらい、

「ありがとうございます。じゃあ手をみせて頂けますか」

そういって、てのひらを広げてもらい手相をみていく。

生命線がほとんどなかった。

「これは……寿命がもうすぐ尽きますね。間もなくだと思いますよ」

「うん、うん。それで？」

「仕事運は……やっぱりないですね。そりゃそうか。生命線ないんですもの」

「うん、うん、なるほど」

Tさんはなぜ自分はこんなことをいっているのか、理解できなかった。

悪いことを伝えて不快にさせるのは、占いでやるべきではない。このような危険や可能性があるからと、注意を促すことが本来の役目だと心得ているのに——なぜかTさんは自分の口を止めることができなかった。

女性も烈火のごとく怒りだしても構わないハズなのに、軽い表情でうなずき、納得した

ようすだった。

「……という感じですかね。他にはもう、なにもありません」

「うん、うん。そうなんだ。よくわかったわ。これ、お金。ありがとうね」

女性はTさんにお礼を伝えると、ブースから離れていった。

「ありがとうございます。またお願いします」

Tさんは自分がなぜあんなことをいったのか、わからなかった。

お酒も呑んでいないのに酔っているような、ふわふわとした感覚があった。

不思議で、ただ茫然と去っていく女性の背中をみつめていた。

女性は他のブースを素通りして公園の出口にむかう。外の道路にでて数秒後、激しい車のブレーキ音。衝撃がここまできたのか、強い風が吹いたのか——Tさんの真上、木の枝にあったいくつもの椿の花が、いっせいに落ちてきたという。

雫が落ちる話

かつてM川さんが住んでいたマンションの部屋には、おんなのゆうれいがいた。

ほぼ毎晩、枕元に現れてM川さんを見下ろしていたという。

部屋を明るくしたまま眠っても、ふと目が覚めると照明は消えている。

暗闇のなか躰が動かず、おんなが見下ろしている。真っ暗の部屋で、シルエットだけなので、どんな顔をしているのか、確認することができない。

顔もみえない暗闇でシルエットだけなのに、なぜ女性だとわかるんですか、とぼくは尋ねた。長い髪の毛が垂れているシルエットなんだよ、とM川さんは答えた。

二年ほど住んでいたが、慣れることはなかったそうだ。

そして友人が泊りにきているときは現れなかったらしい。

金縛りのなか、何度もおんなをみていた。

おんなの髪は濡れているようで、ポタポタとしずくが落ちてくる。顔に水滴が当たって目覚めることもあった。朝になって枕や布団を確かめてみるが、雫が落ちた形跡はまったく残っていなかった。そんな怖い体験をずいぶんしたようだ。

あるとき、友人におんなのゆうれいのことを話すと、

「マジかよ。そのさ……ぽたぽた落ちてくるの、水なの？」

友人は怖がりつつも、そんなことを尋ねられた。

「水だろ？　水じゃなかったらなんだよ」

「いや、真っ暗だから、そんなのわからないだろ。水なのか、血なのか」

「血……じゃないと思うけど……」

「もしもさ、血だったら……そのおんなって、顔とか躰……全身が」

血まみれだったりしてな、と聞いてさらに怖くなった。

ある夜、コタツに入ってテレビを観ていると、そのまま寝てしまった。

目が覚めると、つけたままにしていたはずのテレビや電気が消えている。M川さんは（でた）と思った。ベッドで寝ていないときに現れたのは初めてだった。

寝ている場所と態勢が違ったので、顔に落ちてくる雫の位置もいつもと違った。

（これ、水だよな。絶対、水だよな）

いつものように顔はみえず、シルエットだけである。

（血じゃないよな。水であってくれ。お願いします、水でありますように）
そう祈っていると、一滴の雫《しずく》が口のなかに入った。
水ではなかった。

殺処分の話

コンプラ対策で設定をあいまいに変えた話である。

製薬を主とした研究所で勤めていたM夏さんは、ラットの世話を任されていた。

何十匹もいるラットは、もちろん実験用で観察の対象となっている。M夏さんは可愛がっていたが、ラットも時期がくればすべて殺処分しなければならない。

方法は首をハサミで切断する残酷なものだった。慣れればひと鳴きもさせず首を落とすことができるが、慣れなければ余計に苦しみを与えてしまうらしい。何十匹もの可愛がっていたラットの首をちょん切っていくので、少し感覚がおかしくなってしまうのだろう、M夏さんは気がついたら笑っているという。

あるとき所長の指示で、またラットの殺処分命令がでた。

M夏さんはため息をつき「みんな……ごめんね」と首を切り始めた。

酷い作業だが、苦しむ人間たちを助ける薬をつくるために、これも必要なことなんだ——

――心のなかで、そう自分にいい聞かせながらM夏さんは首を切っていた。袋のなかがラットの首と胴体で埋まりだしたとき所長が部屋に入ってきた。

「あれ？　M夏さんはカットするひと？」

そう尋ねられて「カット？」と聞き返すと、所長はハサミを指さした。

「面倒くさくない？　指が疲れてくるし。ぼくは折るほうだよ」

所長は手袋をして一匹のラットをつまみ上げた。

「あ……」

「ほら、こうやったら簡単だよ。ここ。この脊髄のところを捻《ひね》るの」

そういって所長はラットの首を指で押さえて、ぐるっと横に回転させた。

ラットが「きゅう」と鳴くと同時に、ぱきッと乾いた音がした。

「ね、簡単でしょ。血もでない。楽だよ、やってみな」

「でも、それだと最後ちょっと苦しそうで……鳴き声もあげてるし。確かにちょっとチカラはかかるかもしれないけど、ハサミだとすばやく切ったらいいんで……」

所長は鼻を鳴らし「同じさ」と死んだラットを袋に投げた。

「はあ……ちょっとでも痛みのないようにしてあげたいんで」

「じゃあ、はやくしてね。次の検体、夜には届くからゲージ空けておいて」

「はい……すみません」

所長はM夏さんを一瞥《いちべつ》して部屋をでていった。

袋に目をやると、首の曲がったラットは目を見開き、舌をだして死んでいた。

この会話の翌週に所長は事故で亡くなった。ハンドルを切り損ねて崖から落下したという。シートベルトをしていなかったようで、フロントガラスから飛びでて岩に頭からぶつかり死んでいたらしい。首がへし曲がっていたのを聞いて因果を感じたM夏さんは、いまもラットの供養を怠っていないそうだ。

不思議な布

連日のように外は騒がしかった。

昼食の準備をしていたY子さんのもとに、仕事場にいる夫から電話がきた。

「いますぐそこからでろ！　Rさんの家に逃げるんだ！」

Y子さんが受話器をおいた途端、玄関を乱暴に叩く音が聞こえてきた。

慌てて台所に走り、勝手口から外にでる。合唱のような大人数の声が聞こえてきた。それが自分の家にむけられたものだと思うと恐怖で泣き崩れそうだった。とにかく逃げなければ、と庭の茂みに飛びこんだ。

玄関の扉を破る音が響いて、家からたくさんのひとたちの足音が聞こえてくる。

（どうしよう、どうしよう）

茂みから様子をうかがっていると、勝手口から知っている顔がみえて驚愕した。

群衆の先陣を切っていたのは、夫が信じていたRさんだったのだ。

反日色が強い国で暮らしていたY子さん夫婦は当時、連日のようにおこる過激なデモに不安を覚えていた。自身も当初は「心からの悪人はいない」と思っていたが、買い物にいった帰りに手を振ってきた子どもたちに笑顔を返すと、生たまごをぶつけられて「理屈ではない憎悪」を感じとることになった。

その運動は有名な日本企業の前で頻繁《ひんぱん》に行われており、そこからすぐ近くに住んでいたY子さんたちは、暴動となったらどこに逃げて、誰を信用すべきかという話をよくしていた。おかげですばやく行動できたのだが、頼れる者がいない。Y子さんがみた感じではRさんは信用できるどころか、先陣を切っていたようにさえ思える。夕方になっても家から物音が聞こえていた。こんなところに、いつまでもいることはできない。いずれみつかってしまう。Y子さんはそっと茂みからでた。あたりをうかがいながら、おいていたゴミ箱の上に乗って塀を越え、路地裏にでる。

どこか隠れるところを探さなければと進んでいく。すぐに大きな道路にでてしまう。そっと覗いてみると、大勢のひとたちが日本人の悪口である隠語を叫んで、どこかの建物に火をつけようとしているようだった。

（私たちはなにもしていないのに……）

悔しさでY子さんは押しつぶれそうになった。

それでも、はやく移動しなければならない。路地にもどろうと振りかえると、ドクンッと強く脈が打たれた。棒を持った男たちがY子さんのほうに歩いてくるのがみえたのだ。

反射的に道路に走りでると反対側の路地に逃げこむ。後ろから叫び声があがったので、みつかったことはすぐにわかった。

(たすけて、誰か、たすけて!)

路地を全力で走ると角を曲がり、目の前の見知らぬ家の玄関へ飛びこんだ。

鍵を閉めて土間にしゃがみこみ震えていると、外からたくさんのひとたちが走ってくる足音が近づいてきた。

(神さま、お願い)

足音は玄関の前までくるとそのまま通りすぎていく。

それでも震えはおさまらず、立つことができない。レンガ造りの床に茶色い足がみえた。

顔をあげると肌の浅黒い老人が包丁を持ってY子さんを見下ろしていた。

「あッあ、あの、その」

覚えたはずの言葉がひとつもでてこなくて、命乞いすらできない。

殺されてしまう——。

老人土間のはシンクに包丁をおくと、ひとさし指を鼻の前にだした。そのままゆっくりと近づいて腕を掴んで立ちあがらせる。

「厭ッ！　外にださないで、たすけてッ」

老人はY子さんを壁まで押して、棚の横に積まれたブロックに彼女を座らせた。そして、そのまま奥の部屋に入っていった。意思疎通《そつう》がとれないことが恐ろしい。彼がどういうつもりで、追いださなかったのかがわからない。老人は麻布を手にもどってきて「だいじょぶ」と片言の日本語でいうと、埃くさいその布をY子さんにかけて、肩を優しく叩いた。その瞬間、なにかの糸が切れて涙が流れてきた。

（このひと、たすけてくれる）


夜になっても外の喧騒《けんそう》は静まることはなかった。

いつの間にか眠ってしまったY子さんは、外からの怒声で目を覚ました。老人は黄色に変色したライトの明かりのなか、ちいさなコンロで料理を作っているようだった。しばらくすると老人は、ぼろぼろのお椀に入った粥とサジをY子さんに渡した。ちいさな声でお礼をいうと粥を口のなかにひと口入れる。ほうれん草のようなものが入っているが、葉の形が違うのでなにかはわからなかった。塩と鶏ガラがごま油に混じった味が舌の上ににじんわりと広がっていき、気がつくとばくばくと口のなかに放りこんでいた。老人も同じものを食べていた。

空になると彼は手をさしだしてお椀を受けとった。

「ごちそうさまでした。ありがとうございます」

老人は復唱するように「ありがと」とつぶやくと前歯のない笑顔をつくった。

また外から怒声が聞こえてくると「探してる」と老人がY子さんを指さした。

「その布、ニポンの布」

日本の布？　日本人が持っていた布ということか？

Y子さんは肩にかけられた麻布を手にとってみた。筆で書かれた字があり、うすくなっているが「祝　出征」「万歳」という言葉の横に、おそらく麻布を持っていた人物のものだろうと思われる名前が記されていた。

「いいニポン人、ぼく助けてくれた。布なかったらぼく死んだ。布のおかげ、ぼく助かった。布くれたニポン人、そのせいで死んだ、ぼく助けて、死んだ」

老人は麻布の端についた黒いシミに触れると、哀しそうな顔をして玄関をみた。

「みんなちょとヘン、いい人、悪い人、わからなくなてる、コメンなさい」

外が明るくなってきたころ、玄関の扉が強く叩かれた。

Y子さんは目を覚まして躰を強張らせる。すぐに老人が奥からやってきて鼻の前に指を立てた。彼は玄関を開けると外にでて扉を閉める。家の前から何人かの怒鳴り声と、落ちついた老人の声が交互に聞こえた。なんとなくY子さんには、彼が自分をかくまうために嘘をついているということがわかったが、それでも怖くて、また震えだした。

しばらくすると静かになった。

次の瞬間、ドカドカと暴れるような音が聞こえたかと思うと、扉が勢いよく開けられて、何人もの男たちが家のなかに入ってきた。恐怖で息ができず、肩にかけられた麻布の端を両手で強く握りしめる。先頭のナタを持った男と目があった。

(もうダメッ)

ところが男は、そのままキョロキョロとまわりをみて奥の部屋に入っていく。

次の男とも目があったが、その視線はY子さんから床に移動した。次の男も、その次の男も――まるでY子さんの姿がみえていないように、なんの反応もなかった。

男のひとりがシンクの茶碗をふたつ手にとって、外にいる老人に投げつけた。

家を物色したあと、男たちはぞろぞろとでていった。しばらくして老人がよたよたと家に入って、扉の鍵を閉めた。殴られたのか、頭からは血が流れていたがY子さんのほうを

指さして、

「その布、すごいでしょ」

そういって弱々しく笑ってみせた。


その日の夕方、サイレンが聞こえてきた。

老人は外にでたが、すぐにもどってY子さんを立たせた。

「も、大丈夫、いま、いきなさい」

「え、でても大丈夫なんですか?」

「大丈夫、いま、ニポン人たくさんいる、いきなさい」

Y子さんはなんとお礼をいっていいのかわからず、麻布をきれいにたたんで老人に渡そうとした。

「いらない、それ、ニポンに、かえしてやて」

「ありがとうございます、ありがとうございます」

「いつか、みんな、仲良くなるから、コメン、元気でやてね、さよなら」

老人の手を強く握り、頭をさげて額を甲に押しつける。

彼は傷のある顔で、また前歯のない笑顔をつくった。

Y子さんは足早に家にむかうと、めちゃくちゃになった玄関がみえた。

すぐに真っ青な顔をした夫が、Y子さんをみつけて駆けよってきた。

「Y子、無事だったのかッ！　よかったッ」

現地の警察から「いままでどこに隠れていたんだ？」と尋ねられた。

その日に憎しみがこめられているのを感じたY子さんは、老人のことが心配でなにもいわなかった。夫にすら日本にもどるまで詳しく語らなかったらしい。

飛行機から眺める景色は驚くほどきれいな青い海だった。

麻布は大切に日本に持ち帰り、事情を説明して資料館に寄付したという。

寺火事の話

まだ戦後といえる昭和の時代、関西で奇妙な火事があったと聞いた。

いまも「そこ」はあるので場所は伏すが、とある町での話である。

ある夜、眠っていると、火事ッ！　という叫び声が響いた。町の者たちは慌てて飛びおき外へでる。すぐ近くの寺院が激しい勢いで燃えていた。

近所の者たちはバケツやタライを持ち、井戸やら水道やら水を汲んできて火を消そうと走りまわったが結局、寺は全焼してしまった。発見したときには本堂に火がまわっていたので、もうどうしようもなかった。

住職はその火事で亡くなってしまったが、幸いその家族は無事だった。

崩れ落ちた本堂をみて町内のひとりは「あの住職、ちょっといい加減なところがあったからなあ」とつぶやいた。

「せやな、よう酔っぱらってたし、寝たばこでもしとったんちゃうか」

「本堂やぞ。さすがにそこでは寝んやろ」

「でも……なんかこの焦げかたって変やないか？」

「なにが変なんや？」

「なんか地面、燃えてへん？　地面まで焦げるか？」

「そりゃ焦げるやろ。火事やで」

「本堂のまわりやない、よう見てみ」

指さしたほうをみると、本堂のまわりではなく、石造りの道まで燃えている。

「ほんまやな。ほな、放火とか？　誰かが油でもまいたんか？」

放火の可能性がある？

その場にいた町のひとたちは気になりだした。

石造りの道がどれだけ焦げているのかを確かめるため、境内に入った。

「ほら、ずっと燃えてたあとが焦げで残っとる」

「これどこから続いてるんや？」

焦げた道をたどっていくと——本堂の横にある墓地についた。

その墓地内にあるすべての墓石が真っ黒に焦げていた。

「なんで墓石が焦げてるんや？　やっぱり油か？」

「あほなことを言うな。油やったらどんなけ大量に用意せなアカンねん」

結局、なにもわからないが「そういえば」とひとりが、こんなことをいった。

「近所のやつ、みんな声でおきて外にでてバケツ持って、なんとか火ぃ消そうとしてたよな。あんとき最初に大声で火事ッ！　って叫んだやつ……誰やったんやろ？」

それもわからないままだったという。

おったんや

ぼくが若いころ、友人のHさんとよく一緒にいた。友人とはいっても、ひとまわり以上も年齢が上で、彼には迷惑ばかりかけていたと思う。いつもHさんの家を溜まり場のように使っており、そこに集まっていたのは五十代の女性から十代のぼくまでという年齢差が激しい仲間たちだ。Hさんは髪もヒゲも伸ばしており、いまみたら浮浪者と間違えそうな風貌だが、当時はそれがカッコよく思えて、憧れているところがあったのかもしれない。彼の性格は気丈で偉そうで短気。変人でギターが好き。あまり笑わないが実は優しい男だった。

仲間のなかに裕福な者はいなかったが、いつも誰かに御馳走になっていた。

Hさんには弟がおり、父親は早逝《そうせい》して母親と三人家族だった。

ところがある日、Hさんの母親が事故で亡くなってしまった。

葬儀にはたくさんのひとたちが集まり、その死を惜しみ悲しんだ。大声で号泣する者もいて、生前の彼女の人徳が偲《しの》ばれた。

葬儀が終わるとHさんの祖母が家に住むようになった。ふたりの孫が男なので家事をする者がいないから、と心配したらしい。そのこともあってか、いつも溜まり場として遊びにきていた者も少なくなっていた。空気を読まずにいつも通りに平然と訪問するぼくに、Hさんは「みんな気ぃ使ってるねん。ちょっとはお前も気にしろや」と珍しく笑っていたのをよく覚えている。邪魔者だったのか、彼も本当は寂しかったのか。いまでもわからない。

毎日のように通っていた甲斐（？）あって、ぼくはあることに気がついた。

祖母とHさん兄弟が会話をしているのを、みたことがなかったのだ。

そのことを遠慮なく彼に尋ねると「おう、ババアとは喋らんな」とびっくり発言をした。聞いたところ、早逝した父親と祖母は仲が悪く、母親との結婚にも大反対だったらしい。父親が亡くなってからもその感情は消えず、憎い男の血をひいた子どもということもあって、Hさん兄弟と会話すらないというのだ。

「そう言うても面倒みようとしてくれてるからな。どっかで想うてくれてるんやろ」

Hさんはそういっていたが、ぼくにはそうは思えなかった。

いつも黙って部屋（母親が使っていた部屋）からでてくると、洗濯と掃除をしてもどっていく。背中は曲がりきっており、いつもかなり不愛想な表情だ。自分の孫たちにも、その仲間とも目をあわせようとしなかった。

ぼくはその関係が不思議に思えて仕方がなかった。

「仲が良いことだけが家族じゃないから。お前もおっさんになったらわかるよ」

Hさん。ぼくはおっさんになりましたが、いまも全然わかりません。


そんな祖母がHさんに話しかけてきたことがあったという。

彼が居間でテレビをみていると、バタバタと階段をおりてくる音が聞こえる。家には祖母と自分しかいないはず。背中の曲がった祖母が激しく音をたてながら階段をおりるはずはない、とHさんは変に思った。しかし、勢いよく戸が開かれて、顔をだしたのは祖母だった。祖母は彼をみると「おった！」と話しかけてきた。

「おお、ずっと家にいたよ。なんかオレに用か」

すると祖母は小刻みに震えながら、何度もかぶりをふった。

「違う！　おったんやッ」

「だから、いたって。なんやねん」

祖母は階段のほうを指さして「おったんやッ」と説明をはじめた。

洗濯をするために部屋をでようとすると、階段をあがってくる者がいる。目を凝らしてみると――亡くなったHさんの父親だった。うつむいて階段をあがってくる。

祖母はギョッとして動けなくなった。父親は階段をあと一歩で登りきるところで足をとめて、くるッとまわり、今度は階段をおりはじめた。

したまでいくと階段をおりきらず、またくるッと回転して登りだす。何度みなおしても、間違いなくあの男である。父親は何度も階段を往復して――かき消えた。

祖母は説明を終えると「……おったんや」とつぶやき、外にでていった。

そして二度とHさんの家にくることはなかった。

ちなみに彼の父親は、階段で首吊り自殺をしている。

強要された話

動画の配信で怪談を聴きます、もしくは観ますというひとも多いようだ。

あなたの怖い話をメールで教えてください、と募集をかけている配信者もいる。また、わたしの体験を動画で語ってください、と要望する視聴者もいるようだ。ある意味バランスが取れているようにみえるが、語って欲しいだけで話を送っているひとたちには、なんかしらのパターンがあるという。

ある配信者が送られてきた体験から、次の動画でどれを語るか選んでいたときのこと。読んでいるとひとつ（かなりウソ臭いな、この話は）と思うものがあった。話の内容を省略すると、金縛り、窓に貼りつく人影、という短いものだったらしい。

正直いままでにも、既にウソだなとわかっていた話も読みあげてきた。なにをいまさらと思いながらも「うーん、やっぱりこの話はナシだな」とメールを閉じた。

その瞬間、部屋の戸が開いて見知らぬ男がぬッと顔をだし、こういった。

「コロスゾ」

そして配信者が悲鳴をあげる間もないまま消えた。

幻覚かとも思ったが戸は開いていたそうだ。

その話を語るのを最後に、怪異体験の募集を止めたという。

最高傑作

会社員のM樹さんの話である。

いまの会社に就職する前、彼はフリーターでアルバイトをかけ持ちしていた。

そのうちのひとつが、全国で飲食店のチェーン展開をしている居酒屋だった。社員以外にもアルバイトが手当てをもらってリーダーやチーフといった役職を任されるような店だ。

そこでM樹さんが勤めだして二年経ったころである。

シフトの管理をしているバイトリーダーに呼びだされた。

「お疲れさまです。ちょっと相談したいことがあるんだけど……」

役職を任せるといった話なら断ろうと思ったが、まったくの別件であった。

同じアルバイトのKさんのことだった。

彼はM樹さんよりもふたつ年上で同時期に働きだしたひとりだ。

人懐っこい性格でお客からも好かれており、海外にいくために貯蓄しているという男だった。ただM樹さんからみれば、ひとの気を引くために大きなことをいっているようにも思えて、仲は良いがどこか心を開くことができない人物でもあった。

「Kがどうしたんです?」

「なんかわかんないんだけどさ、店にこないんだよねえ」

無断で四日ほど休んでいるとリーダーはいった。

「もう辞めたいんじゃないですか」

よくあることですよとM樹さんはいった。

長いあいだ働いても突然こなくなる。二年間、何度もそんなひとをみた。ある意味、アルバイトの特権といえるかもしれない。人間関係が厭になるひともいれば、たいした理由がないひともいる。面接に受かっても初日からこないなんてことはザラにあった。

「辞めるのは別にいいんだ。ひとが足りないときは困るけど。実はね……」

彼にお金を貸しているとリーダーはいいだした。

数万円だが決してちいさい金額でもない。ふた月前にKさんからどうしてもと頼まれて貸してしまったらしい。リーダーはこのことを誰にもいっていないという。

海外にいくために貯蓄していたといっていたのに、ひとから金を借りるとはどういう了見か不思議だったが、やっぱりそういうヤツかと心のなかで思った。

「アイツ変に人気あるじゃん。電話もでないから、みんな心配していてさ」

様子をみてこいと社員からいわれてしまった。

リーダーがいくとただの借金の取り立てのようになってしまう。

そこで無関係のM樹さんにいってきて欲しいというのだ。

「ええ！　ヤですよ、そんなの。どこに住んでいるか知りませんし」

「きみKくんと仲良かったじゃん。頼むよ。履歴書の住所教えるから」

「自分でいけばいいじゃないですか」

「もし、もめてお金の貸し借りのこと会社にバラされるとまずいし。頼むよ」

結局、M樹さんはいくらかの報酬をもらうことで引き受けることになった。

「借金の回収できなくても、怒らないでくださいよ」


電車で三十分ほどの距離をいくとKさんの家があった。

日は暮れだして、あたりは夕焼け色に染まりはじめている。教えられた住所には部屋番号がなかったので、実家の一軒家かと思ったが古いアパートだった。

M樹さんは住所が書かれたメモを何度も確かめるが間違いない。入口から覗くと左右にドアが並んでおり、廊下の奥は共同のトイレのようだった。玄関にいくつもポストがあったが名札はなく、どの部屋に彼が住んでいるのかわからない。

(全然わからないや……もう、いいか)

あきらめて早々に帰ることにした。

駅にもどろうとアパートの横を通ったとき、二階の並んだ窓を何気にみているとKさんの姿がみえた。M樹さんは(いるじゃん)と大きく手を振ったが彼は気づいてくれない。窓からみえた部屋の位置を覚えて、もう一度アパートにもどった。玄関で靴を脱いで二階にあがり彼がみえた窓、奥から二番目の部屋をノックする。Kさんの「はあい」という声が聞こえてドアが開かれた。

「おお、M樹じゃん! お疲れ! どうしたんだよ」

予想外の明るい様子に気を抜かれてしまった。

「まあ、はいれよ」

なかにはいるとテーブルも布団もなにもない部屋だった。

ただ壁に長い突っ張り棒があり、大量の服がハンガーに掛けられている。

「いったいどうした?」

「いや、リーダーに様子みにいけっていわれて……お前、ここに住んでるの?」

「ここに住んでるよ。ボロいだろ。ていっても、この部屋だけじゃないけど」

Kさんはこのアパートのすべての部屋を独占しているというのだ。

どういうことか尋ねてみると、建物自体が亡くなった父親の遺産で、Kさんがひとりで住んでいるらしい。M樹さんはなんともうらやましい気持ちになった。

「店のことね。あんな店もう飽きちゃったよ。二年も働いてたんだぜ」

自分も同じ二年なのだがと心のなかで嘆息して、お金のことを尋ねた。

「ああ、忘れてたよ！　アイツやっぱりセコい野郎だな」

あっちで渡すわ、と立ちあがり廊下にでた。

そのまま隣の部屋のドアを開けて「こっちこっち」と案内した。隣の部屋はテーブルとソファ、大型冷蔵庫と大画面のテレビがある。さっきのは衣裳部屋として使っているとのことだった。

（なんだコイツ、金持ちじゃん）

じゃあ、金なんか借りるなよと思った。

「あんとき、たまたま持ちあわせがなくて。はした金、回収しようとしやがって」

ブツブツいいながらテーブルにおかれていた財布から万札をとりだした。

「はい、これ。渡しといて」

さしだされた札はなぜかシワだらけだった。

もう用は済んだのですぐ帰りたかったが、Kさんはおしゃべりを始める。

「お前もあんな店はやく辞めたほうがいいよ――」「将来がない企業につきあったって意味がないじゃん――」「オレはどうせ日本をでるからさ――」「貸した金をひとに、取りにいかせるような男が仕切っている店なんか――」「オレはモテるからいいけどあんなところで働いてるヤツは――」「結局、世のなか金と愛想があれば――」

M樹さんが聞きかえす間もないほどKさんはしゃべり続けた。

笑って話しているが内容は自分のことだけしかしゃべっていない。

だが、こういう人間のほうがウケはよく、人気があるのも事実だった。

「日本はもうダメだよ、終わってるね――」「海外はいいよ、稼ぐならやっぱり円なんか――」「普通と違う生きかたしなくちゃ、男は――」

どんどん聞くに堪えなくなってきた。

「アメリカだろうがイギリスだろうがしょぼいね、その気になりゃ誰でも――」「問題はチョイスだよ、どこの国にいくのが本当の人生の――」「ひとがいけないところにいかなくちゃダメだよ、色々オレも考えたんだけど――」「考えが一周まわって気づいたんだ、やっぱりあの世が一番かっこいいって――」

聞き流していたが「あの世」という言葉にM樹さんは眉をひそめた。

「お前いま、あの世っていった？」

Ｋさんはニタリと笑ってうなずいた。

「あの世って……死ぬってことだろ。なにいってるんだよ」

「バカ。そうじゃないよ。死ぬわけないだろ、オレほどの男がッ！」

声のボリュームが異常にあがった。

すばやく立ちあがると、天井をみながら満面の笑顔で演説をはじめた。

「本当に財力がある男は死なないのだッ！　わかるかッ！　次元を超えるッ！」

狂気の笑顔をみて、Ｍ樹さんの背中に冷たいものが走った。

「本当の男らしさはそこにあるッ！」

敬礼をするＫさんの手が、なぜか小刻みに震えているのがわかった。

「全財産を注ぎこみ移動する装置を開発したッ！　これを使えば生存できるッ！」

Ｋさんは乱暴にドアを開けると、むかいの部屋のドアノブに手をかける。

「みるがいいッ！　我が発明の最高傑作、移動装置なのだあッ！　ジャアアンッ！」

ドアが勢いよく開かれて、なかがみえた。

天井に無数の首吊り紐がぶらさがっていた。恐怖のあまりＭ樹さんは部屋から飛びだす。

廊下をみると部屋のドアが全部開かれて、たくさんのひとが顔をだしていた。そのすべての表情がKさんのように笑っていた。

「うわッ！　うわああッ！」

転げ落ちるように階段をおりる。

一階も同じように大勢のひとたちがドアから顔をだして笑っている。

M樹さんは靴も履かずに駅まで走ったという。


翌日、リーダーにお金を渡し、M樹さんはもらえるはずの報酬を断った。

狂気が感染するように思えて、彼が持っていたものに触るのが怖かったのだ。


Kさんのことや、なにをみたのかは今日まで誰にも話さなかったらしい。

誰も気づかないまま彼が狂気に沈んでいったのも、部屋から顔を覗かしていたひとたちもM樹さんの理解を超えており、もうそれ以上のことを考えることはできなかったのだが――。


数年が経ったころ、たまたま知りあった不動産屋にあのアパートについて聞くことがあった。

家主はいまも健在の老人でずっと変わっていないというのだ。

「あのアパートで亡くなったひとや死体がみつかったことがありますか」

そう尋ねると不動産屋は「ないない」と首を振った。

「あそこは放置されている物件で、ずいぶん長いあいだ誰も住んでいないよ。ただ、ちょっと前に若いホームレスの男を追いだしたことはあるけどね。抵抗するから大変だったよ」

そういって不動産屋は、どこかでみた狂気の笑顔を浮かべた。

隣人の騒音

神戸に住むY介さんの話である。

現在、住んでいるマンションに越してきたころ、こんなことがあった。

やっと荷物も片づき、ダンボールをまとめて縛りあげるとY介さんは空腹を感じた。付近の店も地理も全然知らなかったので、食事できる店を探しがてら散歩にいった。

マンションのまわりはなにもなかったが、少し歩くと繁華街にでた。

(なんだ、いっぱい店あるじゃん)

チェーンの定食屋で夕食をすますと、コンビニで立ち読みをして家路についた。

マンションの前までくると、部屋がある階を見上げる。

となりの部屋に電気がついているのをみて、隣人がどんな人物か想像した。

(おんなの子だったらいいな。可愛い子だったら、友だちになって欲しいな)

何度か引っ越しをしたが、そんな経験をしたこともなければ、聞いたこともない。

勝手な想像を膨らませながら、エレベーターに乗って自分の部屋にもどった。

静かなのでテレビのリモコンに手を伸ばしたとき、テレビのアンテナ線を繋ぐのを忘れたことを思いだした。午後十一時をすぎていたので面倒くさかったが、そこまで時間もかからないだろうと作業をはじめた。アンテナ線を差し、壁に沿ってコードをはわせていると隣からガタンッ！　と大きな物音が響いてきた。

驚いて耳をすませると、騒がしい男女の怒声が聞こえてきた。

「アンタが悪いんやろッ」「なんやと、こらッ」

怒鳴り声と物音から察するに、どうやら普通のいいあいではないようだ。

殴りあっているか、片方だけが暴れているような物音だ。どちらか片方だけが暴れているなら、ふたりの声が物音と同時に聞こえてくるのは少し不自然である。どちらの怒声も物音も同時に響いてるということは、ふたりとも暴れながら叫んでいる可能性が高い。

(可愛い子では……なさそうだな)

声と音を耳にする限り、想像するのはガチムチの女子プロという感じだ。

明日は挨拶にいこうか迷っていたが、やめることにして、その夜はもう眠ろうとした。

(エッチな声も聞こえてくるんかな……厭やなあ)

壁のうすさにがっかりしたが、期待したような声はいっさいなかった。

そのかわり、ケンカをする声だけは毎日毎日、聞こえてきた。

「お前、いい加減にせえや！」「やかましいッ！　近所迷惑やろがッ」

その夜もケンカがはじまった。

（まったくその通りです。ぼくのようなご近所さんが迷惑してますよ……）

毎晩のことに嫌気がさしたY介さんは、仲介してくれた不動産に連絡をいれた。

「それは大変ですね。管理会社に電話してください」

管理会社の番号を聞いて電話をかけた。

「うちはマンションの騒音問題までは口出しできません。家主にいってください」

家主の連絡先を教えてもらった。

「もう、歳やけえ、ようわからんのよお。そこはどこのマンションね？」

こりゃダメだ、とベッドに倒れこんだ。

「だから結局アンタのせいやんッ！」「もういっぺんいうてみッ！　ぶっ殺すぞッ」

ついにY介さんはキレた。

「うるせええッ！」

どんッ！　と壁を思いっきり蹴飛ばす。

しんッと静まりかえった。

「何時だと思ってるんだ、毎晩毎晩ケンカしやがって！」
ピンポーン。
怒鳴り終わった直後、Y介さんの部屋のインターホンが鳴った。
ピンポーン。
(……きちゃった。どうしよう)
いまさら引くことはできない。
でも、ドアを開けてダルマのような大男だったらどうしようと怖くなった。
ピンポーン。
(ええい、もうどうにでもなれ！)
Y介さんは玄関にむかい、怒った表情をつくって「はい」とドアを開けた。
ほそい躰の眼鏡をかけた老人が立っていた。
「……誰ですか？」
そう尋ねると老人は、ふっふっと鼻息を鳴らして手招きする。
そして廊下を歩いて、となりの部屋の前で止まり、また手招きをした。
(え……なに？)
老人はノブをまわしてドアを半開きにすると、また手招きをする。

どうやら、となりの住人のようだ。彼を部屋に招き入れようとしている。ちょっと迷ったが、Y介さんは老人に呼ばれるまま、いってみることにした。ケンカに巻きこまれる可能性も危惧したが、部屋は入口の台所に冷蔵庫があり、テーブルとタンスとちいさなラジオ、床に布団が敷かれているだけの質素なものだった。

先ほどまで怒鳴っていたはずの男女の姿はどこにもない。

Y介さんが不思議に思っていると、老人はまた鼻息を鳴らしながら、あごを上にあげて喉を指さした。そこにはペットボトルの口のようなものが突きでていた。

（このじいさん、しゃべられへんのや）

喉頭癌《こうとうがん》かなにかで声帯を切除したような感じだった。

メモとペンをとると、かりかりとなにかを書いてY介さんにみせた。

〈カベ　けった？〉

Y介さんは「すみません、騒音がこちらの部屋かと思って」とあわてた。

老人はまた、かりかりと書いた。

〈ひっこしてきたの？〉

「は、はいッ、最近です。すみません、引っ越しの挨拶もせずに」

〈いいよ　よろしく〉

「あ、はい！　よろしくおねがいします」

〈うるさいから　かべ　けった？〉

「本当にすみません！　きっと、上の階のひとがうるさいのに勘違いして」

〈上　ちがう　声は　ユウレイ〉

「ユウレイって……ゆうれいですか？」

〈だいぶ前　マンション　住んでた女　男　コロス　そのあと女も死んだ〉

どうやら以前、住んでいた女が男を殺して、そのあと自殺したらしい。

〈おふだ　はる　聞こえなくなる　たぶん　ふどうさん　おふだ　はがした〉

老人はその対処まで教えてくれたが、Y介さんは信じられなかった。

うそをついている可能性もあると、部屋をもう一度みた。誰かが隠れるスペースはない。テレビもないから番組の音声でもない。強いて怪しむなら、タンスの上のラジオだった。

不思議に思いながら部屋を失礼することにした。

（でも話が本当だったら、じいさんは怖くないのかな）

部屋をでる寸前、そんなことが気になった。

Y介さんは「失礼します。おじいさんも気をつけてくださいね」と頭をさげた。

老人は、はッとした顔をしてメモに書きこんだ。

〈ちがう　ユウレイ　いるの　ここじゃない　きみのへや〉

神隠し譚

詳細をふせながらいくつかの話を記す。

ずいぶん前にM宗さんから聞いた話である。

昭和五十年代の冬、H県の村で七歳の少女が行方不明になった。

午後九時になっても家にもどらないということから、両親が届をだした。

山に囲まれた百軒ほどの世帯しかない、ちいさな村。小高い場所から見渡せば全体が把握できる村にもかかわらず、目撃者がいなくて誰もが不思議がった。

信心深い老人たちは「夕方に出歩いていたので神隠しにあった」とささやいていた。むかしからそういう伝承もあるらしい。もちろんそんなことは鵜呑《うの》みにせず、なにか事件に巻きこまれたのだと警察と自治体が捜索した。

二日経っても少女はみつからなかった。季節は真冬、もうどこかで凍死しているかもしれない――みんなひっそりとそう話していた。

三日目の朝がた、捜索を手伝っていたM宗さんは公民館で休んでいた。ヒーターの温もりで気がつけば眠っていたが「みつかったぞ！」という声で目が覚めた。

みんなが慌ただしく走っていくので、追いかけると寺についた。やはり亡くなっていたか、とM宗さんたちは落胆すると思いきや、住職の横で少女はすやすやと眠っていた。どこでみつけたのか尋ねると「この寺にいました」と住職は答えた。

ひとの気配を感じてふすまを開けると、少女がいたという。

捜索隊も住職も唖然とした様子で状況がよくわからない。寺の付近に隠れていたとしても、M宗さんたちが捜索の初日に探していたところなので首をひねった。

すぐに両親がやってきて少女の姿を確認する、ふたりとも泣いて喜んだ。

目を覚ました少女にいままでどこにいたのかと尋ねると「お花があるところ」と答える。三日間なにを食べたのかという質問に対しては「なにも食べていない」と平然としていた。それにしては空腹を訴えることもなく、まわりをみて「おばさんはどこ？」と聞いてきた。

見知らぬ女性に花を摘んでもらっていた、というのだ。

少女の衣服にはひっつき虫と呼ばれる植物の種がたくさんついていた。すくなくとも外にいたのは間違いないようだ。冬場にしては薄着だったので、寒くはなかったのか？　と聞くと「ううん、すごくあったかいところだったよ」と返してくる。

少女がいう「おばさん」は誰のことかわからず、「あたたかい花畑」もどこの場所のことなのかわからない。ただ、少女の服のポケットには萎《しお》れたちいさな花が入っていた。花の種類はわからなかった、とM宗さんはいった。

この少女はいまも健在だが、このときのことをなにひとつ覚えていない。

昭和の後半、時期はハッキリしない。

林業が盛んな山岳地帯S県、ある村での話だ。

夜、U貞さんが友人宅へ遊びにいくと、たくさんのひとたちが集まっていた。

友人の祖母がいなくなったという。彼女は以前におこした脳梗塞《のうこうそく》により半身が不自由の躰だ。介護がなければ歩くことすらままならない。友人の両親が親類たちに電話して尋ねていくうちに、騒ぎは大きくなっていった。

村で捜索隊が結成されて、方々を探しはじめる。

U貞さんも参加して懸命に探してまわったが、友人の祖母はみつからなかった。

翌日の朝になって隣村から、亡くなっている老婆を発見したという連絡がきた。

家族は悲しみにくれながらも隣村に遺体の確認にいくことになる。

車に同乗したU貞さんはてっきり警察署にむかうものだと思っていたが、車は山林のなかに入っていく。どうやら発見された現場までいくようだった。

道が悪くなったので車を降りて歩き続け、現場をみて驚いた。

十五メートル以上もある高いスギの木に友人の祖母はいたのだ。

布団を干すように躰を曲げて枝にぶらさがっており、肌の色からすでに亡くなっていることが誰の目にもみてとれた。陽が逆光になって顔がよく確認できないが、着ている衣服は祖母の寝間着だ。靴は履いておらず裸足である。

すぐにでもおろしてやりたかったが、この高さだと重機をもってくるか、装備を整えた林業者を呼ぶしかない。上部にしか枝がない種類のスギである。躰が不自由な老婆がどうやってここまできて、上に登ったのか誰もわからなかった。

結局、遺体は枝から落とすしかなかった。

凍死であったと聞いたが役場も警察も当時はずさんで信用できず、U貞さんはいまだに死因に疑問を持っているらしい。


平成になって数年経ったころの話である。

関西のある山で、数人の若者たちが一台の車に乗りドライブを楽しんでいた。

思いつきから廃墟で肝試しをしようということになった。車内では怪談噺に花が咲く。

時間は午後八時くらいだったが外は既に暗闇に包まれている。車を廃墟のすぐ前に停めるとワクワクしながら、なかに入っていった。たいしたウワサがあるワケでもなく有名でもない。だが、そういったものに免疫のない彼らはそれなりに恐怖を堪能した。あますことなく探索したのち、廃墟から外にでた。車の前で煙草を吹かしながら「けっこう怖かったな」などと話していると、ひとりが指さして悲鳴をあげた。廃墟からフラフラとおんなが現れたのだ。

全員、驚いて車に乗りこんだが、運転手の男だけはその場を離れずにおんなを凝視した。どうみてもゆうれいの類《たぐい》にみえない。しばらくするとおんなは若者たちに気づいてむかってきた。泥だらけだが歳は若そうで、十代前半くらいにみえる。ゆうれいならぶん殴るくらいの覚悟で男は近づくのを待った。

おんなは「すみません……ここどこですか？」と弱々しい声で話しかけてきた。

「ここは……え？　きみ、ずっとなかにいたの？　いくつ？」

話してみると、彼女はまだ中学生で京都に住んでいるらしい。

何十キロも離れたこの山でなにをしていたのか尋ねると、

「友だちといたはずなんですけど、気がついたら……このなかにいました」

ワケのわからないことをいいながら廃墟を指さした。

「わたし、帰らなきゃ……この近くの駅はどこですか？」

こんな山奥に駅などあるはずもない。

あったとしても京都まではずいぶんな距離である。

若者たちは送っていくことにしたが、実はやっぱりゆうれいで、消えたりするのではないかと始終ビクビクしていた。怖さを紛らわすためにどうやってあそこまできたのかなどと間を置かず色々な質問をしたが、彼女のほうもワケがわからないらしく、首を捻《ひね》るばかりだった。

途中、自動販売機で飲み物を買おうと車を停めた。

公衆電話をみつけた中学生が「電話をしたいのでお金を貸してくれませんか」と頼んできたのでポケットの小銭をすべて渡した。家に電話している様子をみながら、

「あの子、廃墟のどこにいたんだろう」

ぼそりとつぶやいた。寸前までなかを探索していた者たちにとっては、もっともな意見だった。もどってきた中学生に飲み物を渡すと、喉が渇いていたのかゴクゴクと一気に呑み干した。

「……いま電話したら大騒ぎになっていました」と中学生は話しはじめる。

神社のベンチで座っていたら急に消えてしまった。

それをみた友人は驚いてあたりを探してまわったが、どうしてもみつからない。怖くなり彼女の家にいって、彼女の両親に話した。両親は友人ともう一度神社にもどり探したが、やはりみつからず、家にもどって警察に捜索願をだそうとしていた。そこに彼女が電話をかけたらしい。

若者たちはすっかり怖くなって、もう彼女になんの質問もしなくなった。

家の近くかどうかを確認すると「あの、もうここでいい？」と運転手は彼女を降ろした。中学生が借りたお金をかえすからと連絡先を聞いてきたが「ごめん、かかわりたくないから」と車を発進させた。

ウワサでは肝試しにいった場所は「たたりで一家が全滅した」とされる廃墟で、神隠しや神社と関係しそうな話は聞かない場所だという。

平成二十年、十一月の話である。

F川さんは奥さんとソファに座ってテレビを観ていた。

内容は実際にあった出来事を再現ドラマ風に仕立てたものだった。番組を観ながら「こんなことってありえるのかな」と奥さんが聞いてきた。F川さんは以前に本で読んだ同じような話を聞かせる。

「……広島で本当にあったことらしぃよ」

声のトーンを落として雰囲気をだし、奥さんを怖がらせようとした。

怯えるかと思いきや「そんなことあるわけないじゃん」と奥さんは笑った。

ちょうどコマーシャルになったのでF川さんはトイレにむかう。用を足してもどってくるとソファに奥さんがいない。代わりに黒くほそい毛糸のようなものが、ぐずぐずと動いている。

「なんだこりゃ、虫か?」

目を凝《こ》らしたが、すぐにソファにめりこむように消えた。

奥さんの名前を呼んで、妙なものをみたことを報告しようとした。

返事はなく、その夜から現在まで奥さんは行方不明である。

ちなみに番組は神隠しを題材にしたものであった。

平成三十一年の冬、M川さんの家の長男が失踪した。

彼はギャンブルが好きで多額の借金があり、いつも取り立てから連絡がきていた。

最近はむかしほど酷い取り立ては露骨に行われないが、かなりタチが悪いところからも借りていたようで、若い男たちが実家にもきていたという。

M川さんの母親は「ここには帰ってきていない、私は責任をとれない」と正直に話して追い返していたようだが、それよりも本当に貧しい生活をしているアパートの外見や家のなかをみて男たちが無理だと判断した可能性のほうが高い。

大人になっても迷惑をかけるM川さんに、母親は腹が立って仕方がなかった。

家賃もずいぶん滞納しており、強制退去の運びとなったが、どうせロクなものがないだろう、片づけなんてまっぴらごめんと母親は荷物を受けとるのを拒否した。

その夏のことだった。

掃除をしようと押し入れを母親が開けると、詰め込んだ荷物が崩れ落ちてきた。

荷物の雪崩《なだれ》を避けようと母親が後ろに下がった途端、大きいものがごろりと転がり落ちてきた。M川さんだった。

「あんた、なにやってんの、こんなところでッ」

母親は怒鳴ったが、本人は「ここ……家じゃん」と呆然としている。

M川さんいわく、取り立てのひとたちがきて居留守を使うために、ひとり暮らししているマンションのクローゼットに身をひそめていた。玄関には覗くことができるドアポストがついていたためだ。

やることがないので眠ってしまったのだという。

当初、母親はM川さんの話を信じることができなかった。

だが、妙なことに気がついた。

躰の大きなM川さんがどうやって荷物が詰まっている押し入れに入ったのか。

さらにM川さんの服装が真夏にもかかわらず、かなりの厚着だったのだ。

取り立てがこなくなりマンションを強制解約されて数カ月が経ったころだった。

決心した話

父親は霊感があったが、母親にそれを伝えたことはないらしい。

ときどき、道を歩いていると黒いモヤのような丸い塊《かたまり》が浮遊している。それが視える場所は、事故や事件があった建物や薄暗くて気持ちの悪いところだ。歩いている通行人にゆっくり近づいていって、まとわりつき、そのままついてく。

むかしから視ているので、それが視えたらできるだけ素早くその場から離れることにしている。避けてきたので、もし塊についてこられたらどうなるのかは知らない。父親いわく「絶対いいものじゃないから、ロクなことにならない」そうだ。

その父親が若いころ、こんな出来事があったという。

その日、新しい恋人と初めてのデートの約束の場所へむかっていた。

渋谷の〇〇像という待ちあわせで有名な銅像で待ちあわせである。

あと少しで到着するというとき、彼女が現れて○○像に近づいた。

（お、ほぼ同時の到着じゃん）と手を振ろうとして、ぎょっとした。

たくさんのひとたちが待ちあわせをしているなか、あの塊が浮いていた。それもひとつやふたつではない。数えたわけではないが何十個もあったという。

（どうしよう……）

近寄りたくないので躊躇《ちゅうちょ》したが、帰るわけにもいかない。

（素早く近づいて彼女の手を引き、さっさとあそこから離れよう――）

そう思って足を踏みだしたとき、浮いていた塊がいっせいに彼女に近づいた。

（あ、ヤバい！）

そう思った次の瞬間。

彼女の前で停止したかと思うと、すべての塊が逃げるように宙を飛んでいく。

そしてあれだけあった塊が、ひとつも残っていなかった。

（……なにいまの？）

とりあえず彼女のもとにいき、ふたりで食事の店にむかった。

「あのさ、ちょっと変なこと聞くけど、なんか今日は憑いて……じゃなくて、なんか今日はツイてないなあーとか、そんなこと思う日ってある？」

「え？　ないよ。むしろ逆。私、なんかいつもラッキーなほうだと思うけど」

「……ああ、やっぱり？　なんか運強そうだもんね」

「強いと思うよ。なんでだろ。むかしからラッキーガールなの。なんか私自身が悪いものを跳ねのけてる感じがするの、と彼女は笑った。

父親は（この子と結婚をしよう）と決めた。大変めでたいお話である。

黒い雨

平成二十六年の十二月、広島での話である。

K矢さんは妻と家をでる前に空を見上げた。催しの日だというのに天候は悪い。傘を開くと公園にむかい歩きはじめた。音を立てながら傘布で弾ける雨粒は透き通った色である。


あの日、墨のような黒い雨が降った。無事だったおんな。服が皮膚にはりついた男。親を亡くした子ども。住処《すみか》を失った者たち。

みんなが降りそそぐ真っ黒い雨に驚き空を見上げていた。

八月だというのに気温は急速にさがっていき、寒さを感じる者もいたという。

目がつぶれ、肌が焼けただれたひとにとっては癒しの雨だったかもしれない。

だが放射性物質を多量に含んでいた雨は、決して優しいものなどではなかった。

Ｋ矢さんが到着したのは開演五十分前だった。

たくさんのひとたちが傘をさしていて前がみえない。

十八年ぶりの天皇陛下のご来園ということだったので仕方がなかった。

「……みえませんね」

妻も苦笑いを浮かべた。

警備員が後方のひとたちに気づいて、少しでも前がみえるように、

「皆さま！　後ろにもひとがいますので傘をできるだけ上にあげてください！」

声をかけてまわったが、たくさんの傘が少し動くだけであまり変わらなかった。

まだ雨は降り続けている。模様のついた傘が多く、その形は花を思わせた。焼け焦げて、消えてしまった花畑のように。あのとき誰もが崇拝していた存在をみることができるというのに、この状況では――。

天皇皇后両陛下がおこしになってからも、前はみえないままだった。

（これはどうしようもないな）

Ｋ矢さんがそう思ったとき、ぽたぽたと傘布を叩く音がとまった。

陛下が献花された瞬間、雨がピタリとやんだのである。

たったそれだけの話である。

ただ、雨がやんだだけだ。

聞いた者は大したことのない、怪異とは呼べないと判断するかもしれない。

だが公園にいたK矢さんも他の人々も、これを不思議なことだと受けとった。

彼らの脳裏をよぎったのは「誰かが自分たちに気を配ってくれた」という想いと「原爆で亡くなった彼らは、まだ広島の空にいる」という感覚だった。

スズキアイコ

会社員であるK也さんの話である。

ある昼間、携帯に着信があった。仕事中だったので、とることができなかったが知らない番号だったという。変な電話も多いと聞いていたのでK也さんはかけなおさなかったが、翌日も昨日とは違う見知らぬ番号からの着信履歴があった。

気になってかけなおすと、すぐに間違い電話であることがわかった。

相手のひと言めが「スズキアイコさんですか」だったからだ。

昨日も間違えていたのを伝えてから、K也さんは電話を切った。

それから二日後、住んでいるマンションに書類が届いた。

葬儀の案内状だったのだが、故人の名前は「スズキアイコ」であった。葬儀の報せとあって、すぐに案内状をだした会社に連絡をした。いったいなにをどう間違えたら、こんな報せを別の住所に送ることができるのか、意味がわからなかった。

さらに翌日、休日だったので家でゆっくりしているとインターホンが鳴った。

玄関を開けると「スズキさまのお宅でしょうか」。

すぐに違うと伝えたが、まさかと思って「下の名前……スズキなにさんのお宅とお間違えですか?」と名前を聞いてみれば、やはり「アイコ」であった。

ここまでくると、さすがに気持ち悪くなった。

ひとりでいるのが怖くなって、K也さんはどこかに遊びにいこうと家をでる。

歩いていると横断歩道で赤信号に捕まった。

道路の反対側にいる女性が微笑んでいる。

まわりをみるが誰もいない。どうやらK也さんに微笑んでいるようだった。

知っているひとかと目を凝らすが見覚えがない。女性は手をちいさくふると、まだ赤信号の道路を渡ろうとして、K也さんの目の前で車に跳ね飛ばされた。

女性はくるくると何回転もして、アスファルトに叩きつけられる。

怖くなって、逃げるようにその場を離れる。

女性は轢かれる寸前まで、K也さんに微笑んでいたからだ。

後日、その横断歩道で事故の目撃者を探す看板をみつけた。

そこにはあのとき轢かれた女性が亡くなったこと、その女性の氏名スズキアイコ。

火を飛ばす

Fさんが小学生のころの話である。

友人に「おれ、スゴイこと発見したんよ」と彼の家に呼ばれた。

「なんね？　スゴイことって」

「もうすぐ親が買い物にいくけ、ちょっと待ってえや」

しばらくして彼の母親がでかけると「よし。ええころあいや」と仏間に移動した。

窓を開けると「よっしゃ」と畳に座り、ポケットからライターをだした。

「ええか。よう見ちょりーよ」

友人はライターに火をつけると「あまーとらッ！」と叫んだ。

すると火がふッと消えた。

「な、スゴかろ」

「……なんが？　火が消えただけったい」

「なんやお前。こっちに座って顔近づけて、よう見てみ」

Fさんがライターに顔を近づけると、友人は再び点火した。

「いくで……あまーとらッ！」

友人が叫んだ瞬間、火は消えた——ようにみえた。

「なんや、いまの！」

火は消えたのではなく、窓の外に飛んでいったのだ。

「スゴかろ。オレが見つけたんよ、この技」

「なんて言っとると？　まーとら？」

「あまーとら。『甘い虎』よ。いろいろ試して、この叫びかたが一番や」

正直「甘い虎」とは聴きとれなかったが、叫んだ本人はそういっている。

オレにもやらしてくれ、とライターを借りて同じような発音でFさんは叫んだ。しかし、火にはなんの反応もおこらなかった。友人は上から目線で「ダメよ。わかっとらん。ぜんぜんお前なっとらんわ」と小鼻をうごめかした。

「厳しい練習も必要やけん。マネてできるようなもんやないけ……あまーとらッ！」

ライターの火は、しゅッとひとりでに窓の外に飛んでいく。

「スゴか！　これは大発見や！」

Fさんは超能力の一種だと興奮した。

「せやろ。でもひとに言うたらイカン。有名になってテレビが来てしまうけんね」


一年ほど経ったある日の放課後。

Fさんが理科室の前を通ると「ほら、やらんかッ」「お前、できる言うたが！」という怒鳴り声が聞こえてきた。何事かと思って覗くと、いじめっ子に囲まれた友人が必死に、

「あまーとらッ！　あまーとらあッ！」

火のついたアルコールランプを手に持って叫んでいた。

「ぜんぜん飛ばんわ……声がまだ小さいんやないか？」

「くそッ！　あまーとらあッ！　あまーとらッ！」

（アイツ、いじめられてる……）

一瞬、助けようかとも思った。

そのころFさんは彼とあまり話さなくなっていた。

理由はいつも上の立場からものをいう彼に少し違和感を覚えていたこと。

彼が火を飛ばせることを知っている、と証人になってあげてもよかったが、いまとなってはFさん自身もあの能力が疑わしくも思えていたし、なによりいじめっ子もなんだか強

そうだったので無視することにした。

（あのチカラ、なんやったんやろか……）


さらにときが経つ。

Fさんは仕事で忙しい日々をすごしていたが、ある年末に地元にもどった。

居酒屋で呑んでいると、たまたまあの友人に逢う。

ふたりとも再会を喜んで酌み交わしながら、昔話に花が咲いた。

「そういや、あのライターで火を飛ばすの、不思議やったね」

「あれね。なんやったんやろな。いつの間にかできんようになってたわ」

いじめられていたことを思いだしたが、それには触れなかった。優しさである。

友人は煙草をくわえながらライターに火をつけ「あまーとら！」と叫んでみた。

もちろん、火は消えもしなければ飛びもしない。

懐かしい発音で、ふたりは大笑いした。

すると横にいた老人が「あんたら海外にいっとったんか?」と話しかけてきた。

かぶりを振って「なんでですか?」と尋ねると老人は答えた。

「いや、いまむこうの発音で、仏教の言葉を叫んだからそう思ったんや」

老人には「曼荼羅《まんだら》」と聞こえたという。

腐らない話

ひとむかし前の話だが、記しておく。

あるレスラーが亡くなった。ぼくはスポーツに疎《うと》いので詳しくないが、地方のプロレス団体に所属していた男性で、その時期はブームの火が絶えてなかったらしく、そこそこ集客ができるレスラーだったという。

部屋にはトレーニングのための器具がたくさんあったらしく、そのなかのひとつにぶら下がり健康器があった。もちろん懸垂《けんすい》をするために設置していたようだが、彼はそこにぶら下がったまま心臓麻痺で亡くなっていた。

ぶら下がったままとはいっても握りしめていただけだし、足は床についていた。

それでも死んでも離さなかったというのは。なかなか凄まじい想いを感じる。

その亡くなりかたはともかくとして、問題は彼が発見された経緯だった。

試合の日も近くなってきているのに、ジムにこない彼を仲間たちは心配した。

「もう二カ月近くなるぞ。あいつ、なにしてんだ？　大丈夫なのか？」

「なにかあったかもしれんぞ。オレ、最近アイツの夢みたんだ」

仲間のひとりが真剣な顔で、妙な夢のことを話した。

真っ暗な暗闇のなかで、ひたすら懸垂をしている。まるでスポットライトが当たっているように浮かぶ、彼の姿だけハッキリとみえる。汗だくで、必死に躰を鍛えているのだが、こちらにはまったく気づかない――そんな夢だった。

「変な夢だなとは思ったんだけど、何回もみるから――あれ？　みんなどうした？」

その場にいた仲間たち全員の顔がみるみる青ざめていく。

全員がその夢をみていた、というのだ。

その夜、みんなで彼の家にいった。玄関の鍵は開いていた。広めのワンルームだったのですぐに彼に気づいた。倒れず、グリップを強く握って死んでいた。季節が冬だったこともあったのか、窓が開いたままということもあったのか。条件がそろっていたのだろう、遺体は腐らず乾燥したミイラのようになっていた。

仲間のひとりは「お前……」とその場で泣き崩れた。次の試合の対戦相手は外国人選手を呼んで派手になるとわかっていた。大切にしてくれるトレーナーに恩返しがしたいと常日頃からいっていた。恋人との時間を優先せず、浪費を抑えた生活を続け、ひたすらお客を楽しませるために鍛えられた躰は、変わり果てても古傷があちこちに確認できた。警察を待っているあいだ、みんなで泣きながら遺体を動かし布団に寝かせた。仲間のひとりの「本物って腐らねえんだな」という言葉がみんなの胸を打ったという。

誰にも知られなかった、ある漢《おとこ》の話である。

推し様への話

遺品整理の仕事をしている男性は、ある現場で手紙かメモかわからないものをみつけた。

おそらく別々の日にちに書かれたような印象を受けるものだが、日記ともいい切れず――

それよりもちょっと変なことがあるという。


最初は関節が痛くなった程度だった。

そのあとすぐに足に異常。歩けなくなったがひと月ほどで回復した。

頭痛が始まった。脈と同じリズムで痛みが走る。アカウントを増やし、自分だけではなく数人の人間が文句をいっているようにみせてやった。南無阿弥陀仏。

片目が酷く充血しだした。触ったわけではないので不思議だったが、猛スピードで視力が落ちていく。それよりも頭痛が酷い。常に鎮痛剤を飲むようになった。

我ながら不細工な顔がさらに不細工になっていく。でもマスクをするからいいだろう。そんなことを思っていると母から連絡があった。「あんた、誰かを呪ってないか？」とワケのわからないことをいわれ腹が立った。南無阿弥陀仏。そんなことをするはずがない。ちゃんと呪うべき相手はわきまえている。正しいことをしているのだから、バチなどあたるワケない。南無阿弥陀仏、南無阿弥陀仏。南無阿弥陀仏。明日はチケットの発売日だ。必ず手に入れる。

ダメだった。チケットは手に入らなかった。

きゃーきゃーいわれて嬉しそうだな、こっちの身にもなれ。南無阿弥陀仏。

あいつ、なにあのツイート×××（黒いシミで読めない）だろうが。髪が抜けはじめた。きっとあいつが私を呪っているから抜けた。草。頭皮のかさぶたかゆい。

また母から連絡。仏さんが心配しているとかなんとか。南無阿弥陀仏。知るかよって話でウケる。知らないひとから、いいねがついた。ヤッタ。でも鏡をみたら自分の顔ってわからずドキリとした。ふたりいる。ひとりじゃない、ふたりいる。

同業者が死んだみたい。可哀そう。でも好印象を植えつけるチャンスを逃さないのはさすが。やっぱり違いますな、モテるひとは。

このままひとりで死ぬのか。はやく楽になりたい。
みんな幸せになればいいのに。南無阿弥陀仏。

絶望。婚約発表。マジか。届いてないな、もうちょい頑張らないと。クソはクソらしく惨めな思いをすればいい。生きてる価値ないってお前マジで。天罰くだれ天罰くだれ天罰くだれ天罰くだれ天罰くだれ天罰くだれ天罰くだれ天罰くだれ。

戦争がはじまった。あいつにミサイル落ちればいいのに。○○大統領もあいつのこと知ってるだろ、落とせよあいつに爆弾。でもお笑いの番組面白かった。あの芸人には頑張って欲しいけど、あいつは没落しろ没落没落剥がした爪痛い。私に決める権利がある。スキャンダルつくったろか。

トイレに誰かゲロを吐いたみたい。ぜったい　あいつきてるわ。

くるし、いきできない、なにもわるいことしてない　アカウントふやそう。

ちっそくしてしねない、しねないのは　いつから　のろってた

かがみから　わらってる　わたしの　まえのかお　ちがう　わたしじゃない

こんな　にんげん　ちがう　かった　もうしにたい　でも　しねない

ここ　どこ　へやじゃない　にほんじゃない　かゆい　いたい

わたし　わるくない　わたし　のろわれた　わたしに

「……以上です。どうですか？　この文章の印象は？」

「印象といわれましても……錯乱した身勝手なひとって感じですかね。これは誰かアイド

ル？　タレントの追っかけ？　ファンかなにかだったんですか？」

「そうです。そこまで売れてはないんですが、アイドルグループのメンバーですね。ポスターやグッズがいっぱいありました」

「そうですか。やっぱり……自殺したってことですか」

「行方不明です。遺品整理の会社って部屋の片づけだけの仕事もありまして。ここも家賃滞納で部屋にもいないから片づけただけです。亡くなったかはわかりません」

「どちらかというと病んでるって感じですね。変なところってどこですか？」

「推しの結婚と戦争のこと書いてるじゃないですか。これ、それよりも半年前の文章なんです。このアイドルも、このとき結婚発表してなし、戦争もなかったんです。なんで書かれているんでしょうか。このひと、いまどこにいるんですかね？」

「最後の書きかたからして、いまいる場所は——地獄ですかね？」

生焼けの子ども

まあ、まあ、座りなはれ。わてはオバアチャンやさかい、ゆっくりとしか、しゃべられへん。座らな長なって、しんどいで。

アンタ、こんな話ばっかり集めとるいうてたな。

不思議な話あるか、聞かれたら、まあ、ないわな。

娘がちいさい時分には、怖い話も聞かせたったけど、全部うそみたいなもんや。夜中、遅までおきとったら、おばけがくるで。あそこにいったら、呪い殺されるで。うん？ ホンマにいうたよ。呪い殺されるって。そんな言葉、使たらアカンてか。いうのはタダや。死ぬわけもない。でも最近は五月蠅《うるさ》いらしいな。言葉遣いはちゃんとしたほうがええ。うん、間違いないわ。

でも、言葉で押さえなあかんときもある。どんなに子どもが怖い怖い泣いても、怖がらせんかったら、もっと怖いめにあうこと、世のなかようさんあるさかいにな。

わてか？　わては怖いことなんか、ひとつもあらへん。病院の先生にも、もう長ないて、いわれとるで。いまさら死ぬのが怖い言うたら、先にあっちいった連中に笑われるわ。もう九十もこえて、いまはなんにも怖あらへん。

いろんなもの、みてきてますやろ。戦争も見たし、大勢ひとが死ぬのも見た。

戦争の話も好きか？　アンタ、やっぱり変わってますな。

なに覚えてるいうたら、そら、焼夷弾や。こどもの手ぇ引いて、町内の連中と逃げましてな。みな静かに、声をださずに山道、登りましたわ。ほんだら、飛行機がきましてな。ぶわぁって、いっぱい落としていきますねん。町に落ちるまで、ひとつひとつが燃えとるから、わあ、綺麗やなあ、思いましたわ。こう、夜空にいくつも黄色い線、描いて。ちいさいころみた花火みたいや、思いました。

まあ、そのころはそんなこと言えんかったけどな。

ようさん、ひとも死んでますねんで。でもそんなこと、なにも思わなんだ。いつまでもこの景色、見ときたいなあ、思たわ。ええ、ええ。違うか、こんな話。

そう、そう、怖いものでしたな。子どものころは、ありましたわ。

わての子ども時分、父親に梅田、つれていかれましてな。

大好きでしてん、百貨店。いまもありますやろ。阪急。え？　そりゃ、ありますがな。

昔から阪急百貨店も阪神もありましたで。阪神のほうは名前が百貨店やなかったけどな。なんていう名前やったんか、もう忘れてしもたわ。

阪急行ったらな、レストランありますやろ。そこが好きでな、もう、嬉しゅうて、嬉しゅうて。レストランで、わて、なにが好きやったかて？

オムライスが好きやったけど、あそこはなかったんちゃうか。あそこやったら、カレー、食べてましたわ。そや。戦争の前や。ありましたで、カレー。スプーンで食べましたわ。ええ、ええ。うちか？　お金持ちではなかったん違うか。普通や、普通。とにかく、百貨店が好きでしてん。

チンチン電車に乗って、その帰りのことですわ。歩いてまっしゃろ。

男の子がいましてん。

わてより年下や思いますわ。オデコにな、大っきいアザがありましてな。

にこーっと笑て、見てますねん、わてのこと。

汚ったない、格好してましてな、ああ、あそこの子かもな、思いました。

川んとこにな、そういう集落ありましてん。悪さばっかりするひとたちの。

そこの子と違うか、思いました。

父親と手ぇ握って、歩いてまっしゃろ。気づいたんやろな、父親も。

「友だちか?」言うから、知らん子や、怖い、言いました。ほんだら父親も気にいらんかったんやろな、持ってた杖で「去ね!」いうて、その子を殴りましてん。

その子、びっくりしたんやろな、泣きそうな顔になって、逃げていきましたわ。わても怖かったわけやありません。そう言うたら父親がどうするかもわかってた。

いま思たら、可哀想な話や。なんもしてへん。ただ、そこにおって笑ろただけせやのにいきなり、どつかれて。父親もなんか理由あったんかな。

それからも、何度かその子に逢いまして。でも、怯えて近づきやしません。思たんやないかな。わてに近づいたら、父親に殴られるて。

子がやったことは親のせいやいうけど、親がやったことは子のせいなんかな?

そうやない思うけど、子どもでっしゃろ。

わて、コイツは殴られてもええヤツなんや、思いましてな。見下してましたわ。見るたびに「去ね!」言うたりして。ええ、エグいもんですわ。多分、仲間に入れて欲しかっただけやのに。怯えながら、哀しそうに寂しそうにしてましたわ。

何年もたちましてな、わても結婚して、娘が生まれましてん。

その子が学校に行くころ、さっき言いましたやろ、空襲があったって。

玉手の町が燃えたあと、エライ焼け野原でな、もう、なんも、なくなってもうて。

見渡したら梅田にある建物まで見えましたわ。

うちの家も、のうなってしもたかも、言うてな。

とりあえず、国民学校に行きまして。校舎は燃えてなくなってたけど、みんな集まっとるさかい、娘を知っとるひとに預けて、家を見にいきました。

もう、見事なまでに、灰になってもうてて。

家なくなってもうた言うて、泣きました。旦那は兵隊にとられてますから、もう、どうしたらええかわからへん。どうしよ、どうしよ、考えながら歩いてましてん。

ほんだら、いつの間にか川原につきましてな。エグいもんでしたわ。死体だらけですねん、そこ。川原にもバラック小屋みたいなのがようさんあって、ひとは住んでましたからな。そこいらに住んどるもんは、理由もなく差別されてましたから。防空壕に入りにくい、みんなと逃げにくい、そんなウワサ聞いたことありました。

逃げてきたひとや、そこにおったひとを焼夷弾は丸ごと焼きおったんやろ。黒焦げのひとがほとんどでしたわ。その上に重なって死んでるひとは、逃げてくるひとたちの下敷きになったんか、まだ傷み具合はマシなほうやった。

すぐにわかりましたわ、アザのおかげで。

首のしたまで真っ黒に焼けてるのに、顔だけ焼けず、生のままですねん。うちの父親が殴りおった、あの子どもですわ。もちろん、もう大人になってましたけど、おでこのアザはそのまま変わりませんわな。

見たこともない表情で死んどった。ちいさいころは理由もなく殴られて、大きくなってから川原で焼け死ぬ。それも、きっと生きたまま焼かれていくような死にかたや。口惜しさと哀しさと痛みが、ごちゃごちゃに混ざったような表情や。

わては川原におりた。その子をよう見て、忘れんとこ思てな。

首の下は、煤だらけで真っ黒や。うろこみたいになるまで焼けとる。おでこのアザだけが妙に目立っとった。目は閉じてた。口は歯をぎゅッと喰いしばって――。

可哀想に、可哀想に言うて、手ぇあわせた。目ぇつぶって、あのとき悪かった、そのあとも申しわけなかった。成仏せえや。そう祈ってから、行こうとした。

ほんだら、まぶたがバチッって開きおった。

白くなった目で、わてのこと、睨みつけおったんや。

死んでへん、生きてたか、思た。

首がぐいぐいッ、ぐいぐいッって動いて、口から「はああ」て息を吐いた。

わて、ひゃあッて叫んで、その場で腰を抜かしてな。

それ見て、ゆっくり目ぇ閉じおったわ。

すぐに走って逃げたわ。もう怖て、怖て……学校にもどっても震えてたわ。

若いころ怖かったのは、こんなもんや。

息を吹き返したんか、それかもっと違うもんやったんか、わからへんけどな。

いまか？　さっきも言うたやろ。もう怖いものなんか、あらへん。

アンタ、こういう話、集めとるんやろ。いままでようさん聞きはったんか？

ほうか、ほうか。ちょいと、わてが尋ねたいんやけど、ええか？

ひとは死んだら、どうなる話が多いんや？

あの世いくんか？　ゆうれいなるんか？

うん？　わてが死んだら、自分自身がどうなるか――怖がっとるってか？

そんなもん、ぜんぜん怖あらへん。なるようになるがな。

せやなく、わて、ちいさいとき、あの子に酷いことしましたやろ。

その因果いうんか、繋がりいうか、そういうの、ありますんかいな？

あれ見てみ、あの写真。わてのひ孫や。もうすぐ帰ってきおる。

アザありまっしゃろ、おでこに。真っ赤なアザが。

あれ、あの子と一緒ですねん。

なんでこんなに年月たって、また現れたんか、わしが聞きたいんですわ。
仲直りしに来てくれたんかな。それとも仕返しするつもりやろか。
なあ、アンタ、どう思いますの？

変な貼札の話

閉店のお知らせ
日頃より当店をご愛顧いただきまして誠にありがとうございます。

誠に勝手ながら当店は２０２２年５月をもちまして、閉店することになりました。

これまで当店を大切に思っていただいた皆さま、従業員一同よりころすより感謝いたします。お客さまにはご不便をおかけしますが、何卒ご理解いただきますようころしたい。

出来ることならばおはらいなどはせぬようよろしくお願い致します。

店主

Oさんは貼り紙を読んで「なにこれ？」と笑った。

「ここってなんのお店だっけ？　入ったことあったか？」

横にいた後輩に尋ねると、後輩も貼り紙を読み笑って、

「なんすか？　誤字？　入ったことないっす。スナックだと思いますけど」

その建物はスナックビルなので当然スナックである。

「この店主、大丈夫か。最後の貼り紙がこれって、どんな店なんだよ」

「潰れる前に入っとけば良かったですね。まだ空いてたりして」

そういって後輩がドアノブを持ち、店の扉を引く。

がちゃり、と開いた。

「鍵閉まってないいんかーい」

「どれ、どんな店だ？　もしかしてもう片づけてなにもない……え？」

店のなかは真っ暗だった。

だがOさんたちが開けたことにより、通路のひかりが店内に入っている。

カウンター席とボックス席——余すところなく、ぎっしりとひとが座っていた。

全員、下をむいて身動きひとつしない。

「……ま、満席みたい、です」

そういって後輩はゆっくりと扉を閉める。ドアノブから離した手が震えていた。

「あれ？　Oさんじゃん、なにしてるの？」

いまいこうとしていたスナックのママが、買い物袋を持って立っていた。

Oさんは「ママ、ここ……なに？」と店を指さして尋ねた。

「ああ、そこ？　そこはもう閉まってるよ。閉店したの」

「いま、ひとがたくさんいたよ。鍵、開いてるんだよ」

ママは「開いてるの？　あのバカ大家、閉め忘れたのね」とつかつか歩いてくる。

そのままドアノブを引いて扉を開けた。

Oさんたちはママの背中に隠れながら、おそるおそる店内を覗き込む。

あれだけいたお客たちがひとりもいなくなっていた。

Oさんも後輩も「え？　ええ？」と素っ頓狂な声をあげた。

「ここね、縁起悪いからもう貸さないって。大家、いってたのよ」

「縁起悪いの？」

「うん、むかしから入った店のひとが病んじゃって。ちょっとおかしくなるの」

すっかり青くなったOさんたちは閉めた扉の貼り紙を指さした。

「ママ、この貼り紙読んだ？　気持ち悪くない？」

「読んだわよ。閉店でしょ？　なにが気持ち悪いのよ」

「いや、ちゃんと読んでよ、なんか変なこと書いてあるじゃん、ほら」

ママは目が悪いのか、貼り紙に顔を近づけてちゃんと読んでみた。

「ホントね、なんか変なこと書いてるね。ダサいわ」

「ええ？　それだけ？」

「気にしなくていいって。それより開けちゃダメじゃん」

「なんか変なのが視えちゃった気がしてさ。そうだよね気のせいだよね。ははっ」

「こんな貼り紙よくあるよ、みんなちゃんと読んでないから気づいてないだけ。ちゃんと読んだらわかるのに。開けちゃダメってこと。形にこだわって内容がちゃんと読めてないの。ただの怖い話だと思ってるでしょ、これを読んでるお前も」

便利屋がいた話

A子さんは結婚して間もなく、購入した戸建てに住み始めた。

ガレージと玄関があり一階は物置部屋とトイレ、洗面所と浴室。二階と三階は二部屋が並んでいる。同じつくりの家が数軒並んでいる一般的な建て売りの家である。

近所にはA子さん夫婦と歳が変わらない年代のひとたちが多かったが、コロナ禍に入ったばかりということもあり、ほとんど付きあいはなかった。コロナ対策で早い時間に閉店するスーパーも多く、店によっては入店する人数を制限しているところもあり、彼女も混む時間を避けるため買い物を昼前にすませるようにしていた。

ある日、テレビを観ていたA子さんはいつの間にか眠ってしまっていた。

目が覚めると、もう三時を過ぎていたので急いで買い物にでかける。

夕食の材料を買って帰路につくと、知人に逢い立ち話をした。

知人と別れ再び歩きだし、自宅の近所——家まで十メートルほどの距離のところ。

七歳くらいの少女が道に飛びだすのをみて、A子さんは足を止めた。

少女は笑顔でA子さんのほうに近づき、そのまま横を通りすぎて去っていく。

（いま、あの子がでてきたのって——ウチ？）

入口の、玄関扉があるすぐ横のガレージから少女がでてきたようにみえたのだ。

A子さんは少女の背中をみつめながら、なぜか妙な感じがした。

みた目が同じ家が並んでいるので、見間違えたのだろうと前へむきなおり、また歩きだす。すると今度は見間違えではなく、マスクをした中年の男性が自宅のガレージからひょいと顔をだし、こちらをみていた。

ぎょっとしたがそのまま歩き続け、男性の近くまでいく。男性はA子さんの家の駐車場、敷地内に立って道のむこうをじっとみて立ち尽くしている。

「なにしているんですか、そこで？」

A子さんは男性と少し距離をとって、語尾を強めて尋ねた。

「え？　私ですか？　いや、私……」

微《かす》かだが、男性が動揺しているように想えた。

その片手には釘抜きのついたハンマーが握られている。A子さんはすぐに逃げられる体勢をとりながら、バッグからスマホを取りだし警察に通報した。

「すぐきてください！　いま、家の前でハンマーを持っている男のひとが……」

男性は自分のことだと気づいたのか、地面にハンマーを置いた。

「ちょっと待ってください、私は……」

男性が前にでたので、A子さんは買い物袋を放りだした。

「近づかないでッ！」

鍵を閉めていたガレージの勝手口が――開いている。

「はやくきてください、泥棒です！」

「いや、あの、そうじゃなくて、聞いてください」

男性は必死になにかを伝えようとしていたが、A子さんは無視した。

大きな声をだしたことによって近所のひとたちが集まってきていた。

男性は逃げるでもなく、なんともいえない引きつった笑みを浮かべていた。

到着した警察官も事態を把握するのが大変だったようだ。

男性は泥棒ではなかった。便利屋と呼ばれる、全国にチェーン展開をしている会社の社員だった。その名の通り、依頼があった内容の仕事を可能な限りなんでもこなす会社である。部屋のリフォームやゴミ屋敷の片づけ、電化製品の設置や電球の取りかえまで、その業務は多岐にわたる。

会社に電話で依頼がありこの家にいたと、男性は警察官とA子さんに話した。

依頼は工作を手伝って欲しいというものだったという。どんな内容かわからないのできてみると、おんなの子が父親にプレゼントする椅子を一緒に作って欲しいということだった。材料や部品はすべて揃っていたので手伝っていたというのだ。

「ウチには子どもなんかいません。このひとウソをついています」

「本当です、お巡りさん。インターホンを押したらおんなの子がでてきて家に入れてくれたんです。材料をみせてくれて、駐車場で作ろうってことになって。ほら、椅子もあるでしょ、そこに」

男性が指さす先には、確かに手作りの椅子が置かれてあった。

角材と板で作った、手作り感がある簡易な椅子だった。

「いったん家に入って、その勝手口から材料を運んで一緒に作ってたんです」

「そんな材料、ウチにはありません、じゃあ、おんなの子はどこにいるのよ?」

「なんかわかりませんけど、椅子が完成したら『教えてくる』とかいって、にっこり笑ってどこかに走っていったんです、急に。そしたら奥さんが帰ってきて」

そこまで聞いてA子さんは、すれ違ったおんなの子のことを思いだした。

「あなたもみていましたよ、その子のこと」

「それは……確かに、いましたね。やっぱりウチからでてきたんだ、あの子」

「ね？　いたでしょう。でも会社に電話をしてきたのは、子どもじゃありませんけど。ほら、代金もちゃんともらってます。お金は子どもが持っていたものですよ」

そういうと男性は一万円をポケットからだした。

男性がウソをいっていないということがハッキリとしてきた。しかし、それならどうやって子どもはA子さんの家に入ったのか、わからない。家を間違えたというのも変だ。留守中に子どもが材料を持って侵入し、業者を呼びだして費用を支払い、一緒に工作をしていたというのは――かなり奇妙で納得できない話である。

警察官がメモを書く手を止めて男性に尋ねた。

「じゃあ、そちらの会社に依頼の電話をしてきたのは誰なの？」

「なんかお年寄りのおばあさんでしたよ。しわがれた声の……あ、でも、電話でちょっと変なことをいってました。確か、急いではやめに作って欲しい、帰ってくるから、みたいな感じの。ちゃんとここに依頼書もあります。本当ですってば」

電話を対応したとき書かれた依頼書には、A子さんの家の住所が記されている。

しかし、名前の欄にはぐるぐるした線が書かれていて、読むことができない。

警察官も気になったようで「なんて読むんですか？」と名前の欄を指さした。

「あ、これはお年寄りだったもんで。何回も聞いたんですが、聞きとれなくて」

住所先で直接尋ねればわかるだろうと、そこまで気にしなかったらしい。

「でも……あの子、絶対この家の子だと思うんですけど」

A子さんのほうをみて男性がつぶやく。

「違います。勝手に入ったんです。どうしてこの家の子だと思うんですか？」

「だって、それ……あの子が下駄箱から取りだしたんですよ」

地面に置かれたハンマーは、確かにA子さんの夫が買ったものだった。

下駄箱のなかに工具箱が入っており、そこから子どもが男性に渡したらしい。

「どこになにがあるのか、わかっている感じでした。普通、知ってますかね？」

妙な話に、A子さんも警察官も首を捻るしかなかった。

「それでそこの椅子を作ったんですよね……あれ？　椅子は？」

いましがたまで、ガレージの隅に置かれていたはずの椅子がない。

三人でキョロキョロまわりを見回していると、家の前を老婆が通っていく。老婆はA子さんたちをみながら、なぜか——いやらしく嗤っていた。A子さんはぞっとした。どうしてかはわからないが、こちらの混乱した状況をみて愉しんでいるかのような笑みだった。

そう感じたのはA子さんだけではなかったらしく、警察官も男性も真っ青になっているのがわかる。老婆が通りすぎたあと、三人は老婆の背中をみようとガレージから道にでたが、もうその姿はなかった。

優しくない話

Eさんが子どものころ、道を歩いていると近所に住む老人に呼び止められた。

「これ、あんたにあげるよ」

そういって渡されたのは小さな飴玉だった。

Eさんはお礼をいって飴を口に放り込む。老人は「あんたも絶対、ひとに悪さしたらイカンよ……」と目の前の無惨な姿になった建物をみつめた。数日前の火事で全焼した家だ。

そこに住んでいた家族は全員亡くなっていた。

「この家のおっちゃん、覚えてるか？　怖いひとじゃったろう？」

近所でも有名な雷親父だった。夜、子どもを折檻《せっかん》する怒声もよく聞こえていた。

「あのひと、自分に甘くてひとに厳しいかたでな。仕事で成功して、こんな大きな家建てても結局、最後は焼け死ぬんだから。ひとには優しくしなきゃならん」

老人の口ぶりから、まるで雷親父が悪人だった印象を受けた。

ひとに優しくしなかったら、悪いことがおこるということだろうか。なんとなく気になったEさんはその疑問を老人にぶつけてみた。彼は笑って答える。

「神さまはな、鬼みたいになったひと、お前はここにいなくてもいい、鬼のいくところにいけって、連れていくんだよ。おっちゃんも連れていかれたんだろうな」


老人のいったことが印象深く、Eさんは家に帰ってから両親にこの話をした。

母親は「その通りよ」とうなずいた。父親は「お前、意味わかってるのか？」と優しく尋ねてきた。Eさんは答える。悪いことをすることは、鬼のやっていることと同じだから、あの世に連れていかれるという意味だ、と。母親はEさんの頭をなでたが父親は「ちょっと違うな」とひと言いってなにかを考えているようだった。

「こいつにアレ、みせてもいいんじゃないか？」

父親が母親に聞くと、母親はしばらく厭な顔をして「そうね」と目をつぶった。

「お父さんな、写真撮りにいっただろ、火事のとき。覚えてるか。放火っていってな、誰かがひとの家に火をつけることなんだけど、そのとき火をつけた犯人が火事で燃えている家をみていることが結構あってな。もしかしたら犯人がいるかもしれないって思って、火事をみているひとたちの写真を撮りにいってたんだ。写真を撮っていたら、あの家の、死んじゃったおじさんがまだ生きてて、外に飛びだしてきたんだ。火だるまになって燃えてた。火事みてた近所のひとたちで、急いで火を消したんだけど、間にあわなくてな」

そのとき、写真に雷親父が写ってしまったという。

「何回も連続で写真を撮ってたから何枚か燃えてるおじさんの写真があって。ホントはお前にこんなの、みせるべきじゃないかもしれないけど、あのおじさんは本当に良いひとじゃなくてな、悪いことしたらこうなるってお母さんとも話してたんだよ。ちょっと怖い写真だけど、お前に覚えておいて欲しい。誰かを貶《おとし》めたり、騙《だま》したりしたら、こうなるって。どうする？　怖いなら大きくなってからでもいいけど」

Eさんは少し迷ったが、写真をみることにした。

父親は奥の部屋にいき、自ら現像したその写真をEさんに渡した。写真はモノクロだったが、はっきりと火事に集まった野次馬の顔が写っている。何人も知っているひとたちの顔があった。

父親は写真をめくり「これがその写真だ」とEさんにみせた。

それは確かにあの雷親父——男性が燃えている写真だった。しかし普通に燃えているのではない。まとっている炎のせいだろう、躰が大きく膨らんでるようにみえて、燃え盛った炎の先が頭から二本の角が生えているような形になっていた。顔はハッキリわからない

ていて、まるでその口からは炎がとばしるかのようにもみえた。それは縦にというより横に裂けていた。比喩《ひゆ》でもなんでもなく、

が悲鳴をあげているのだろう、口を大きく開けている。それは縦にというより横に裂けて
いるようにもみえた。炎の棘《とげ》がまるで牙のようにもなっており——比喩《ひゆ》でもなんでもなく、
本当に鬼になっていた。
「実際に姿も鬼になるんだよ。酷いことばかりしているとこうなる。躰が痛みとともに変化する。だからひとを貶めたり、いじめたりしちゃいけない。わかったか」
Eさんはこのときみた写真が、記憶のなかでいまも鮮明に残っている。
大人になってから知ったことだが、火事で焼死したその男性は宗教法人の立場を利用して人々を騙し、気に入らないひとを貶めるような人物だったという。

廃校の怪談

喫茶店で珈琲をすすっているとA子さんは現れた。

深く帽子をかぶったその女性は十五年ほど前に専門学校に通っていたころ、怪異体験をしたのだという。詳しい場所を書かないという条件で話を始めてくれた。

「すげえ、怖いトコらしいぜ」

W辺さんの一言から肝試しにいくことになった。

過疎化など、様々な原因が重なって廃校になった建物。そこの出身者に話を聞くといわくだらけの場所だったらしい。A子さんも、そういったところが大好きだったので心を躍らせた。中部地方だったが車ならば二時間ほどで到着するという。メンバーはW辺さんとA子さんと男友だち二名、四人の予定だった。

いざ当日になって待ちあわせると、A子さんの知らない男性がひとり増えていた。

W辺さんに尋ねると、

「オレの友だちの鍵屋。仕事でたいていの鍵を開けられるんだ」

鍵が閉まっていては建物に入ることができない、そんな理由であきらめないためにきてもらったのだ。鍵屋はなかに商売道具が入っているであろうウェストバッグから、金属音をだしながら「はじめまして」と笑顔をつくった。

こうして五人を乗せた車は、高速道路を走って廃校にむかった。


「ここらのはずだけどなあ」

高速をおりたあと、山をいくつか越えて進んでいく。

あたりに一切民家はなく、森林と田圃《たんぼ》ばかり。A子さんがこんなところに学校があったのかと疑問を抱きはじめたとき、それは闇に浮かびあがってきた。

「あれだ……」

校舎はL字型の二階建てで、一部分が三階建てになっている。

普通の学校と比べるならば大きくはないほうだろう。特有の塀はなく、砂利の道路以外は森に囲まれている。

「雰囲気があるなあ！」

「楽しそうじゃん！」

みんな興奮を隠しきれず口々にいいだす。やっとたどりついた場所が予想以上に怖そうだったことを喜んでいたのが、A子さんだけは違っていた。

心霊スポットには何度もいったことがあったのに廃校をみた瞬間、脳内で警告音が大きく鳴り響くのがわかった。

（ここは入ってはいけない）

寒気が止まず、次々と肌が粟立《あわだ》ってくる。

「わ、わたし無理……車で待ってるわ」

W辺さんたちは何度も誘ったが、彼女はかたくなに動こうとしない。

仕方なくA子さんを抜いた四人でいくことにした。

「じゃあ屋上までいって手を振るから、みててくれよな」

ちいさな校庭を横切って、校舎の扉の前にくる。やはり施錠されていたので、

「予想正解。やっぱ閉まってるわ。鍵屋、出番だぞ」

W辺さんが呼ぶと鍵屋は待っていましたとばかりに先頭にでた。

ウェストバッグからほそい金具をいくつかとりだすと、錠の差込口に詰めていき、ガチャガチャと音を立てて動かした。

W辺さんも他のふたりも、鍵屋が施錠を解くあいだA子さんのほうを振りかえったり、校庭に響く金具の音で誰かがくるのではないかと心配していた。学校のまわりには民家のひとつもないことはわかっている。すくなくとも半径数キロ圏内には誰も住んでいないはずだ。無用の心配であることは明らかであった。

ガチャリという音がして「開いた」という声。鍵屋は間をおいて金具を引き抜く。

「さすがだな、この泥棒ッ」

冗談をいいながら、四人は持ってきた懐中電灯をつける。

A子さんは厭な予感がしながらも、校舎に入っていく四人を見守っていた。

建物のなかは月をありがたく思わせるほどの暗闇である。

いつごろに建てられた学校か、木造の柱と最近の床材を使った廊下は妙にミスマッチに思え、何度も改築を繰りかえしているのがすぐにわかった。

四人は歓声に近い声をだして、心霊スポットならではの空気に興じていた。

特にW辺さんは何度もそういった場所にいっていたので、

「ここはヤバい感じがする……かなり当たりかもな」

いかにもといったトーンで声をだして三人をさらに盛りあげた。

一階を順繰りに探索してまわっていく。

木製のプレートに『事務室』『理科室』『倉庫』『用務員室』と書かれている。

『職員室』をみつけたので、なかの様子をみることにした。

ひとりが「失礼しまーす」とか細い声をだした。W辺さんは「小学校のとき、そういわないと怒られたよな」と懐かしくなり笑った。てっきりなかは荒れ放題だと思っていたのだが、予想に反してきれいなままであった。

懐中電灯で机の上を照らす。

四人の動きで埃が舞うぐらいで、変わった様子もない。

「なあ、おかしくねえか」

鍵屋が首を傾げながら、きれいすぎるといいだした。

「荒らされた形跡がないのは、鍵が閉まっていたからだろ」

「そうだけど、普通さ、閉校するならもっと片づけねえか。これじゃまるで」

逃げだしたような感じじゃねえか、と鍵屋はいった。

それを聞いてW辺さんたちはもう一度、ずらっと並んだ机の上を照らす。

鉛筆立てにあるボールペン、重ねられた空の封筒、採点したテスト用紙——。

いわれてみれば確かにおかしい。

職場を去るときは荷物を片づけていくのが普通ではないだろうか。どの机も昨日まで使っていたような物の配置である。規則正しく並んだ机とは違って椅子は引かれたままだ。

その様子から想像するのは「避難したような状況」だった。

いつの間にか四人は黙って職員室をみつめていた。

「さ、さあ、階段でも探そうか。きっと二階には教室があるよ」

W辺さんたちは職員室をでて廊下を歩いていく。

廊下の端はトイレがあるだけで、いき止まりになった。

「入って右に進んできたから……反対側の端が階段みたいだな」

仕方がなく、きた道をもどっていく。

職員室や用務員室の前をもう一度通るときに、

「なか、もういっかいみたら、様子が変わっていたりして」

ひとりが冗談をいったが誰も笑うことはなかった。

鍵を開けた入口も通過して、少し進むと廊下が曲がっているのに気づいた。

どうやらあそこが二階への道だとW辺さんたちはテンションをあげたが、階段を目の前にして全員、動きを止めた。

「……なんだこりゃ?」

階段の前には太い縄がかけられている。

そこに紙垂《しで》が何枚かつけられていた。その縄のさす意味が「立ち入り禁止」ということは、なんの知識もないW辺さんたちにも理解することができた。問題はヒモや立て札ではなく、なぜ、またぐだけで越えることができる縄がかけられているかということだった。

「なんでこんな……」

「もしかして、外にださないようにしてるんじゃないの？」

鍵屋が「なにを？」と聞くが答えなかった。かわりに寒気が走る。

「……ど、どうする？」

「どうするって、いくっきゃねえだろ」

足をあげてW辺さんは縄をまたごうとした。

全員、息を呑んで彼をみる。縄を越えたW辺さんは階段を見上げるが、そこには小窓がついた踊り場があるだけだった。

「さあ、こいよ。なにが上にあるか、しっかり確かめて屋上にいこうぜ」

三人は顔を見合わせてうなずくと、彼と同じように足をあげて縄をまたいでいく。

二階は一階と違って教室ばかりが続く階だった。

W辺さんたちはガラス窓から覗きながら進むが、過疎化で子どもたちがすくなくなり教室をもてあましていたのか、職員室と違って使った形跡があまりない。

すぐに二階の端についてしまった、

「怖いは怖いけど、一階のほうが怖かったな」

それを聞いた鍵屋は「そ、そうだな」と強がりながらも怯えている様子だった。

もう一度きた道をもどり、三階にむかうことにした。

階段の前までくると、

「まただ……」

そこにも二階にあがるときと同じように、紙垂がついた縄がかけられている。

みんな一瞬たじろぐが、すぐに縄をまたいで階段をあがっていった。

また踊り場を通過して階段の先をみると、

「あれ？　ドアがある」

懐中電灯を階段の上にむけると、重量感のある鉄扉がみえた。

「もう屋上か？」

「違うだろ、次は三階の……あれ？」

屋上なのか三階なのかW辺さんもわからなくなってきた。

いけばわかるだろう、と四人は階段をあがり鉄扉の前に立った。

ノブをまわすが鍵がかかっているらしく、施錠を解こうと鍵屋が前にでた。再びガチャガチャと金具で錠をいじりながら「あれ？　この鍵はさっきのと違って最近のやつだな」と手こずっているようだった。

「やっぱり新しいやつって、開けるの難しいの？」

「種類によるけど……まあ、大丈夫だよ」

しばらくしてガチャリと音がして、鍵が開いた。

「よっしゃ……屋上か廊下か、どっちだろうな」

鉄扉を開けると、淡く白い光が四人を照らす。

「なんだ、ここ……部屋じゃん」

ロッカーがたくさん壁沿いに並んでいる細長い部屋だった。

そのロッカーと並行するようにいくつも窓が並んでおり、月の光が入って部屋全体が白く光っているようにみえた。数歩進むとロッカーが音を立てた。

下をみるとベニヤのような板が連なった床になっている。歩くたびに、ぎしぎしと音をさせて、それに呼応するようにロッカーが小刻みに揺れた。

「ここは木造だな」

「変な部屋……ん？　あそこにも」

真正面にもうひとつドアがあった。

入ってきた鉄扉と同じタイプのものだったせいで、あのドアにも鍵がかかっているような気がした。鍵屋が先陣を切って歩きだしたので、W辺さんたちも彼についていった。

「ここ、なんでこんなに明るいんだ」

「……あのさ、さっきから」

「月のせいだろ」

「……な、なあ。さっきからさ」

「月ってこんなに白かったっけ。やっぱちょっと明るすぎる気がする」

「……な、なあってば。聞けよ」

「なんだよ」

「……さ、さっきからこの部屋、オレたち以外にも誰かいる気がしね？」

鍵屋の発言と同時に、W辺さんが気づいた。

「……おい。天井みてみろよ」

全員が見上げる。

天井には何枚あるかわからないほど隙間なく、びっしりと白い御札が貼られていた。無数の御札に月の光が反射して部屋が白く光っていたのだ。

「なんだ、この御……」

いい終る間もなく、天井に貼られたすべての御札がいっせいに落下してきた。

「うわああッ」

W辺さんと友人ふたりは反射的にしゃがみこんで、尻餅をつく形になった。

鍵屋は悲鳴をあげて走りだし、入ってきた鉄扉をでて、バタバタと階段をおりていく。

残されたW辺さんたち三人は呆然としていたが数十秒の間をおいて「マジでびっくりした！」と立ちあがり、御札だらけの床を見渡して、

「なんでいきなり落ちてくるんだよ！」

「オレらがドカドカ歩いて部屋を揺らしたからだろ」

「そんなことより鍵屋……逃げたな」

目の前には先に進むドアがある。

友人のひとりが「鍵、かかってるかな」とノブをまわした。

「だめだ。やっぱ閉まってるわ」

「どうする？」

どうにかしようにも、鍵屋は先に階段をおりて逃げてしまった。

W辺さんたちだけではこれ以上進むことはできない。

「仕方がない。屋上はあきらめて車にもど……」

「ちょっと待って、しッ！」

友人が真剣な顔でひとさし指を立てた。

「どうした？」

「……ここ、誰かいるんじゃないか」

鍵屋と同じことをいいだした。

「誰もいねえよ。なんだよ、お前まで」

友人はゆっくりとW辺さんたちの後ろ、ロッカーのひとつを指さした。

そのロッカーだけが他のと違い――痙攣《けいれん》するように静かに揺れている。部屋に入ってきたときは、歩く振動で揺れているのだと思っていた。おそらく御札が落ちてきたのも、それが原因だろう。しかし、この揺れているロッカーはおかしい。誰も歩いていないのに、ひとつだけが揺れているのだ。W辺さんたちは小声で、

「どうしてあれだけ……揺れてんだ」

「もしかして、なかに誰か隠れているんじゃないのか？」

三人は真っ青になりながらも正体を確かめようと、そっと近づいていった。

ロッカーは変わらずに音を立てて小刻みに揺れている。まるで誰かがなかで震えている

ようにも思えた。W辺さんが開けようと手を伸ばしたとき――大きな音が響いた。ロッカーの内側から誰かが叩いたのだ。

それを合図に「うお！」と声をあげて、W辺さんたちは部屋から逃げだした。

「逃げろッ、逃げろッ」

W辺さんを先頭に三人は飛びおりるように階段を駆けていく。しばらくすると縄がでてきたので、勢いよく飛び越えた。後ろのふたりも同じようにジャンプする。また階段を駆けおりてもう一度、縄を飛び越えた。後ろのふたりも同じようにジャンプする。さらに階段を駆けていくと、また縄が現れたのでW辺さんは飛び越えた。ふたりもジャンプする。息が切れて苦しかったが止まることができない。また階段を駆けて縄を飛び越え、駆けて飛び越えて、駆けて飛び越えて――。

「ちょっと待て！　ストップ！　ストップだ！」

W辺さんは踊り場で止まって後ろの友人たちを制した。

「い、いまオレら縄を何回越えた！」

何度おりても縄がある。一階と二階のふたつにしか縄はないはずだ。かなり慌てて勘違いしたのかもしれないが、すでに十回近く縄を飛び越えたような気がしてならない。

「な、なにいってるんだ！　逃げようぜ！」

「そ、そうだよ！　はやく外にでよう！」

「わ、わかった！」

三人はもう一度、階段を駆けだした。縄がでたので飛び越えて「ひとつめだ！」とW辺さんが叫ぶ。駆けおりて縄がでたので飛び越えて「ふたつ！」と叫ぶ。汗が吹きでて、息が苦しい。さらに駆けおりて「三つめだ！」。さらに駆けおりて縄をみつけて「四つめ？　嘘だろ！　ストップだ！」。何度おりても縄が現れて終わらない。　無限に続くような階段を前に、三人は踊り場でへたりこみ息を切らせた。

「いったいどうなってるんだ！」

そのころA子さんは車のなかでW辺さんたちの帰りを待っていた。

厭な予感がして残ったはいいが、退屈で仕方ない。ときどき校舎のなかから漏れてくるW辺さんたちが持っている懐中電灯の光をみて、杞憂《きゆう》だったのかとため息を吐く。車のなかにあった誰かの雑誌を読みながら時間をつぶしていた。

「おーい！」

どこからか声が聞こえてくる。

「A子！　こっちだ！」

みると校舎の小窓からW辺さんがこちらに手を振っている。

（あれ？　屋上からっていってたのに）

A子さんは車を降りて手を振りかえした。

「ちがーう！」

少し様子がおかしい。

「どうしたのお！」

「ここ――んだあ！」

「なんてえ？　もういっかいいってえ！」

「ここ！　いまオレたちがいるとこお！　何階なんだああ？」

何階？

意味がわからなかったがA子さんは大声で答えた。

「一階と二階の真ん中あたりい！　多分二階にいるよお！」

「わかったああ！」

小窓はピシャリと閉まった。

気になってしばらくみていると、すぐにまた同じ小窓が開いた。

「A子おお！　今度は何階だああ！」

なんの冗談だと思ったが、様子が尋常ではない。

「二階だってばああ！　どうしたのお！」

「わかったああ！」

小窓はまたピシャリと閉まった。

いったいなにをやっているのかとA子さんは首を捻った。

すぐにまた小窓が開く。

「ここはああ！　何階いい！」

もうなんだか可笑しくなってきた。

「同じだよおおッ　二階いい！」


「くっそおお！」

「はあ、はあ、A子、な、なんて？」

「や、やっぱ、二階、だって」

「ダ、ダメだ。も、もう動けない」

三人は踊り場で再びへたりこんだ。何度おりても一階には到着しない。

「ずっと階段が続いて、終わらねえよ！」

「うう、いったいどうなってるんだ、この階段」

「とにかく落ちつこう、よく考えるんだ」

W辺さんは息を整えて冷静に分析してみた。

「とりあえずオレたちはいま、この建物からでれずに困っているんだよな」

「うん、おりてもおりても階段が続いている」

「でも、本当に階段が続いてるなら、いま地下何階にいるんだって話になるだろ」

「それはない。ずっと月が小窓からみえている」

「A子がいうにはオレたちは階段の踊り場にいる。正確には一階と二階のあいだの踊り場。小窓から同じ景色がみえているってことは、階段が続いてるってわけじゃなくて、オレたちが同じところをグルグルまわっているんだ」

「そうだよ！　どうするんだよ！」

「二階から階段をおりて、踊り場を通って、一階の縄を越えると……二階にもどる。おりてもおりてもオレたちは上の階にもどらされる……でも、そんなことってあり得ないよ」

「実際そうじゃないか！　もういっそのこと、この窓から飛びおりようぜ！」

「そんな野蛮なことしなくても……」

「いうほど高いところじゃないから大丈夫だってば！」

「それより確かめることが大事だ。オレたちが動揺して勘違いしているんじゃなく、本当にずっと繰りかえすなら――誰かがここで見張ったら、どうなるんだろ？」

「ここで見張る？」

「そう、ここで。この踊り場で。オレたちがループしているっつうなら、二階にいく階段も一階にいく階段も確認できるこの踊り場から見張っていたら、下におりた途端に上から現れるはずだ」

「それでも、でられなかったら？」

「大丈夫。そんな不思議なことあるわけない。でることができないのが、なぜかはわからないけど、なにか理由があるんだよ。ただ混乱しているからだけかも。いま飛びおりるなんて、野蛮なことしたら危ないよ」

「野蛮か……？」

W辺さんのアイデアを実行することにした。

踊り場で見張ったまま、友人ひとりが階段をおりていく。ふたりは踊り場で上もしたも同時に確認できるようにしていた。階段をおりきって姿がみえなくなる。

「さあ、階段が終わるぞ」

「上から現れるはずだ」

ところが友人は上階に現れることはなかった。

しばらくして「おーいッ」という声が小窓の外から聞こえてきた。

「やった！　でられたぞ！」

友人が校庭の真ん中で叫んでいた。

「本当だ、外にでてる！」

「ほら、いった通りだろ。お前もいけよ」

もうひとりの友人も急いで階段をおりていく。

W辺さんはさっきと同じように、友人をみながら階段の上もチェックしていた。

「オレも外にでられたぞ！」

少し間をおいて、また声が外から聞こえてきた。

W辺さんは安心して（あとはオレだけ……あ）と気づいた。

そう、彼だけなのだ。当然のことながら最後のひとりは誰も見張っていない。

（まさか……）

怖くなったW辺さんは走って階段を駆けおりていった。

外ではA子さんと友人ふたりが校庭でW辺さんを待っていた。

なかなかでてこないので「アイツ、大丈夫かな」と不安になりはじめたとき、二階の小窓が開いてW辺さんが汗だくの顔をだして「ダメだ！　全然、外にでられねえ！」と、また何度も階段をおりたらしく必死の形相である。

「お前、どうするんだよ！」

友人が聞くとW辺さんは大声で叫んだ。

「こっから飛びおりる！」

後ろむきに頭と両肩をだして躰をくねらせると、腕と肘《ひじ》で窓枠にしっかりとしがみつき、尻を窓の外に突きだして、とんでもないポーズになった。

「危ないって！　落ちつけ！」

「ゆっくりッ！　ゆっくりッ！　ゆっくりでいいからッ」

なんとかグネグネもがいて両足をおろしていく。窓にぶらさがるような形となって「うおお！」とW辺さんは声をあげると、両手を離してドサッと地面に落下した。

友人が「確かに野蛮な脱出だったな」と苦笑いをした。

「なんなの？　なにがあったの？」

わけがわからないとA子さんが尋ねる。

W辺さんは痛めたのか足をさすりながら「いいからとりあえず逃げよう！」と車にむかおうとしたが今度は友人がそれを制した。

「ちょっと待てよ……アイツどこにいった？」

先に逃げだした鍵屋がいない。

A子さんもこの三人がでてくるところしかみていない。まさかまだ校内にいるのではとみんなが青くなっているところに、校庭の端からフラフラとこちらにむかってくる鍵屋の姿があった。A子さんたちのところまでくるとW辺さんが「お前、どこにいっていたんだよ!」と鍵屋に聞くが「……わからん」としか答えない。

とりあえずここを離れようと、全員車に乗りこんで廃校をあとにした。

車内で鍵屋に話を聞く。

彼はロッカーのある部屋で、御札が降ってきたところまでは覚えていた。

恐ろしくなって階段を駆けおりていると、急に目の前がパッと真っ暗になった。

気がつくと明かりもなにもない場所に立っている。

(あれ? ここはどこだ?)

まわりをよくみると月明かりに照らされた廃校の影がみえる。

どうやら校舎の裏にある田圃にひとりで立っているようだった。しかし、ここまできた記憶がまったくない。なぜこんなところにいるのか。不思議に思っていると「オレも外にでられた!」という友人の声が聞こえてきた。

(あいつらのところにもどらなきゃ)

足を前にだして歩くと、どういうわけかフラフラする。

まるで二日酔いのような感覚だった。校庭につくまで思ったより時間がかかった。距離があったということだ。いったいどういうことだ？　御札が落ちてきて怖かったので慌てて階段をおり、外にでると校舎の裏にまわって田圃の真ん中で、じっと立っていた——いくら混乱してたとはいえ、そんな状態になるだろうか。ぼそりとW辺さんがつぶやいた。

「あの廃校……ワケわからねえよ」


高速道路を走行しながら、A子さんは校舎でなにがあったかを聞いた。

とても信じられない話だったが彼らの様子は本気そのものである。

「マジでもう、でられないかと思ったよ。助かった」

とにかく脱出できたことをW辺さんたちは喜んでいた。

「走りすぎて喉が渇いたからパーキングよってくんない？」

時間はすでに午前零時をすぎている。

広い駐車スペースにしては自動販売機とトイレだけのパーキングエリアだった。

友人のふたりは自動販売機で缶ジュースを、A子さんとW辺さんと鍵屋の三人はトイレにむかう。A子さんはなにも体験していないが、話を聞いて怖くなっていたので、ふたりに「おわったらトイレの前で待っててよ」といって婦人用トイレにはいる。五つしか個室のない、パーキングにしてはちいさなトイレだった。

用を足したあと外にでると頼んだ通り、W辺さんたちが待っていた。

「お待たせ。あれ……どうしたの」

「……アイツら、なんかおかしくない？」

「アイツら？」

W辺さんと鍵屋の視線は、二十メートルほど離れた自動販売機にあった。

友人ふたりは缶ジュースを片手に販売機の前に立って、まったく動かない。どうやらなにかを、じッとみているようだ。その方向には、長距離運送の運転手が眠っているのか、大型トラックが停まっているだけだ。

「ホントだ。なにみてるんだろ？」

「なんか全然動かねえんだよ。なんかあったのかな」

とりあえずいってみようと三人は歩きだした。

足音に気づいてふたりがA子さんたちをみる。顔はなぜか真っ青だった。

「……どうした？」

「いや、なんか……びっくりして……」

そうつぶやくと三人がトイレにいっている間にあったことを話しはじめた。

A子さんたちがトイレにいき、ふたりは自動販売機に小銭をいれてボタンを押した。座りこんでジュースをゴクゴクと呑む。

「いや、マジ怖かったな」

「無事でよかったわ」

そんなことといいあいながら、みるともなく停車したトラックを眺めていた。

すると、そのトラックの後方から人影がでた。ひょこひょこと走ってむかってくる。なにかと思ってふたりがみていると、姿を現したのはおんなの子だった。小学一年生くらいだろうか、背中にランドセルを背負っている。こんな時間にこんな場所で？　唖然としているとおんなの子はふたりの前までやってきて「はい」となにかをさしだす。友人は反射的にそれを受けとってしまった。

すぐにおんなの子はまた、ひょこひょことトラックの後ろに走り去っていった。

「これ……なんだろう？」

黒いちいさな木箱が、友人の手のなかにあった。

五人はすぐに車に乗りこんだ。

サービスエリアをでるときにまわりをよく確かめるが、ひとの気配は一切なかった。ふたりによると、おんなの子が停車していたトラックに乗りこんだ様子はなかったらしい。これが奇妙な老人や見知らぬ男なら、変なひとに逢ったという話で終わったはずだ。しかし、現れたのが小学生のおんなの子だったことで、どうしてもあの恐ろしい廃校と関係あるように思えてしまう。

「なあオレたち、もしかして今夜はすげえ体験してるんじゃねえ？」

運転していたW辺さんがつぶやく。

「そんなことより、この箱……いったいなんだろ」

後部座席の友人は箱をまじまじと眺めていた。

「寺かどっかに持っていったほうがいいんじゃねえの」

「その前にそれ、本当に箱か？」

「箱だよ。フタみたいなのがついてるもん」

箱の上部には切れこみの線が入っており、動かすとカタカタと音を立てた。

「ダメよ、開けちゃ。そのままお寺とかに持っていこ」

助手席からA子さんが注意する。

「でもなにが入ってるか、気にならね？」

「確かに……なにが入ってるんだろ？」

徐々にみんなが興味を持ちはじめる。

最初は開けてはいけないと強くいっていたA子さんも、なぜか無性に箱の中身が気になりだした。

「どうする……いっとく?」

後部座席の真ん中で友人が煽りはじめる。

右隣りの友人は笑い出した。

「ふふっ、いっちゃう?」

左隣りの鍵屋も高揚して笑った。

「へへっ、ひとの骨とか入ってたりして」

助手席のA子さんもも興味をそそられた。

「ふふふ。ちょっと気になるわね」

運転席のW辺さんははスピードを落としながら続けた。

「ふへへっ、開けるの?」

全員が箱の中身を期待しながら——なぜか笑っている。

友人は「はあい!」と声をだして、手のひらを広げてフタを掴んだ。

「じゃあ、いきまーす! サン、ニイ、イチ!」

箱は友人が力をかけた様子もなく簡単に開いた。

ぶわッと黒い煙が箱から飛びだして車内を埋めつくす。

A子さんは躰をすくませながらも、顔にあたる黒煙の感触に驚いた。

(これは……髪の毛！)

ちいさな箱にどうやって詰めこんでいたのか、凄まじい量の髪が入っていた。

悲鳴をあげる間もなく、次の瞬間から全員の記憶が途切れた。

A子さんが次に覚えているのは——ふわふわとしていたことである。

まるで空を飛ぶような、または、無重力のような感覚だった。

自分がどうなっているのか、なにもわからない。

フロントガラスのむこうは真っ暗な景色だ。

真っ暗……いやこれは、なにかが近づいてくる。なにが？　影かな、岩かな。いや、違うな、これは地面だな——。

(地面！)

まっすぐに転落していく。

どこからだろうか、車はとんでもない高さから落ちていくのだ。

「きゃあああッ！」

迫ってくる地面に叩きつけられ、轟音と衝撃でA子さんは再び意識を失った。

次に気がついたのは病院だった。

「目が覚めましたか。事故にあったんですよ」

橋の上から転落したと看護師から聞かされた。

他の四人も別の病室にいて重傷だが命に別状はないという。たすかったのは奇跡といえるほどの高さから車は落下したらしい。だが、落ちた場所は高速道路ではなく、山奥にある聞き覚えのない村の鉄橋からと聞かされた。なぜそんなところにいたのか、A子さんを含め五人ともなにも覚えていなかった。

喫茶店でA子さんは珈琲を呑み干した。

「以上です」

「……すごいお話ですね」

怪異がいくつも詰めこまれた体験だったので、ぼくは詳細をいくつか確認した。

鍵屋はロッカーのある部屋でなんの気配を感じていたのか？

なぜ鍵屋だけはひとりで脱出できたのか？

なぜ箱を開けるとき全員、笑っていたのか？

なぜ見知らぬ鉄橋まで移動していたのか？

その鉄橋の近くにある村と廃校はなにか関係あるのだろうか？

「そうだ、箱はどうなったんですか」

ぼくは疑問に思って尋ねてみた。

「箱は……いまでもあります」

友人が持っているはずだとA子さんは答えた。

病室に様子をみにいったとき、机におかれた箱があったがフタは閉まっていた。とてもじゃないが触る気にはならなかったらしい。

ぼくは箱に興味を持ったので「友人と連絡とれませんか？　できればその箱、実際にみたいのですが」と頼んだ。

「お話だけで勘弁してください、もうあの出来事は忘れたいので」

かたくなに断られてしまった。

「場所だけは絶対に書かないでください。興味本位でいくひとたちがどうなるか考えただけでも恐ろしいので」

そういってA子さんが被っていた帽子をとった。
事故でできたのだろう――傷だらけの顔があらわになった。

憐れな君に贈る話

「なんでこんな端に水を置いたんだ？　こぼれてしまったじゃないかッ」

紙コップに入った水を床にこぼしてしまった父親は、T美さんに怒鳴った。

「ごめんなさい、お父さん。いま注文したものを取りにいってたから」

「ちょっと考えたらわかるだろうがッ。わしは左側が不自由なんだぞッ」

「ごめんなさい、いま拭くもの、もらってくる」

ショッピングモールのフードコートは最低限のものしか設置されていない。

水を呑むための紙コップとテーブルを拭く布巾《ふきん》があるだけで、床にこぼれたものをどうしたらいいかわからない。並んだいくつもの店舗のひとつに「あの、すみません、拭くものはありませんか？」と尋ねると、若い店員は面倒くさそうに「紙コップの横に布巾がありますよ」とこちらが知っていることを答えた。テーブルを拭く布巾で床を拭くのは申し訳ないから尋ねているのに——。

「おい、まだかッ」

怒鳴る父親の声がフードコート中に響く。

T美さんは急いでもどり、カバンに入れていたはずのハンドタオルを探した。

「タオルか？　忘れたのか？　お前は本当にダメなやつだな」

仕方がなくポケットのなかにあったハンカチで床を拭いた。

父親は動く右手でスプーンを掴み、T美さんが運んだ食事を口に入れながら彼女を見下ろしていた。床の汚れでハンカチと手が真っ黒になった。T美さんは「手、洗ってくるね」と立ちあがる。横の席に座っていた主婦が警戒しつつも、珍しいものをみるような視線を送っていたが、父親はそんなことまったく気にならないようで、くちゃくちゃと咀嚼《そしゃく》しながら「バカが」とT美さんを睨みつけた。

むかしはあんなひとじゃなかったのに。少なくともお姉ちゃんとお兄ちゃんがいるころはマシだった。いつからだろう、露骨にあたり散らすようになったのは——。

そんなことを考えながら手を洗い、席にもどると父親は「水」とつぶやいた。

「こぼしたんだから、ないに決まってるだろう。わからんのか？」

「ああ、そうね、ごめんなさい」

急いで水を入れてくると「遅い」と舌打ちをされた。

「お前、なにもできないな。もういい大人だろう?」

「……ごめんなさい」

「もう四十二歳だ。結婚もせず、子どももいない。いったいなにやってるんだ」

「……ごめん」

「姉さんは結婚して子どもがいるのに会社を経営している。兄貴は弁護士だ。お前はなにもしていない。ただわしの金をもらって、わしの世話をしているだけだ」

以前は事務の仕事をしていたが、父親の介護のために辞めた。

「男もいなければ仕事もない。わしの薬も忘れてきたんだろ、どうせ」

「あ……ごめんなさい」

「この役立たずが。母さんが生きていたら泣いていただろうな。わかるか?」

「止めてよ、私だって一生懸命……」

「一生懸命、なにを頑張っている? いままで楽してきたツケを払ってるだけだろ。一生懸命に頑張っても、結局できてないじゃないか。足りないんだよ、頑張りが」

T美さんは下をむいて涙を抑え、胸の苦しさに耐えた。

楽をしてきたワケじゃない。仕事も恋愛も必死で頑張った。それでも上手くできなかったのは誰のせいだと責任を追及するなら、やはり自分のせいなのだろう。

「ごめん……ごめんなさい」

T美さんは謝ることしかできず、哀しさと心細さで潰れそうになった。

それでも父親は「むかしからだ。むかしから、お前はなにをやらしてもダメだった。だいたい受験もお前がちゃんと勉強していれば……」と文句を並べ続けた。

まだ手をつけていない目の前の食事がどんどん冷めていく。

「……ごめんなさい、ごめんなさい」

「そうやって謝っていたら許されると思っているのか。謝罪している態度だけなら、芸をしこむだけでそこいらの犬にでもできる。お前は憐れだ。憐れなおんなだ」

「う……うう」

「そんな憐れなおんなでも、こうやって金を持っている親がいたら生きていけるんだからいいよな。はあ……いったい、お前はいつまで甘える気なんだ？　死ぬまでか？　これからずっと死ぬまで甘えるのか？　死ぬまで甘えたらいい。甘えて利用して、怒られてるフリをして、気にしないで。負けちゃダメよ、T美ちゃん」

父親の刺々しい口調が急に穏やかになった。

「こんなところで負けちゃダメ。あなたにはあなたの良いところがあるんだから」

動かないはずの左腕を伸ばし、T美さんの手を握った。

「……お母さん？」

みた目は父親の手だが、亡くなった母親の手の感触そのものだった。

「むかしいったでしょ。あなたはそのままで、もう最高なの。そのままでいいのよ」

「でも……私、なにもできない。お父さんのいう通り、なにもない」

母親は「違うわ、なにもないなんて」とにっこり笑った。

「きっと、みんなそうなの。寂しくて惨めな思いをしているの。その思いに負けて自分になにもないと考えるのは、違うことなの。あなたがいまそこにいるということは、あなたを大切にしてきたひとたちがいた証明なの。自分だけのちからで大きくなった子なんて世界のどこにも、いないんだから」

優しく手を握り「あなたは最高なの。自信を持って」と微笑んだまま目を閉じた。

T美さんは涙を拭いてうなずく。父親は座ったまま眠っていた。

となりの席の主婦が驚いた表情で話しかけてきた。

「あの、い、いま、その方、女性になったようにみえたんですが……」

眠ってしまった自分が恥ずかしかったのか、父親はまた愚痴《ぐち》をこぼしていた。

母親が父親の躰を使って、言葉を届けてくれたことが嬉しくて仕方がなかった。

外は雲ひとつない青空だ。涼しい風が気持ちよく、まさに最高の気分だった。

「聞いているのか。さっさと家に帰るぞ。まったく。いつもぼうっとして……」

T美さんは「お父さん、うるさいよ。もう黙って」と笑っていうことができた。

あとがき

だきしめたい——そんな気持ちの伊計翼です。皆さまお元気ですか？
レコードを聴きながらいまこの原稿を書いています。
カレーを食べたのでお腹いっぱいですが、仕事が楽しくて仕方ありません。
ただいまぼくは暖かい南の島、そうグアムにいます。驚いたでしょう。
すばらしいところですね、ここは。
ケチなひともいないし、みんな心が満たされています。
テニスとかしちゃったりして、すっかり焼けた肌になっちゃいました。
くるしい時期もありましたが、いまは毎日が最高です！
だいたい怪談作家ってアウトドアが好きなんですよ、実は。ふふふ。
さて、怪談社 THE BEST 鬼の章、いかがだったでしょうか。
いやあ、振り返ってみると色々な話を書き綴っていましたね。
むかむかするような人間の所業を、今回は多めに集めてみました。
リンボーダンスとか踊りたいほど、ぼくはご機嫌です。
やっといろいろなものから解放されて、いまは幸せの絶頂です。

りょこうばっかりいってますよ、最近は。
かいだんしゃって本当に最高です。
かいだんしゃ、皆さんも良かったら入ってみませんか？　楽しいですよ。
さあ、少し休憩したあと、またまとめられた話を記していかなきゃ。
れいによって、怪談師さんたちが集めた話がぼくを待っています。
てを動かして仕事しなきゃ。やっぱり男は仕事っすよ。
またこんな明るいこと書いちゃった。くうー。恥ずかしい。
すきなことだけできる仕事場、それが怪談社。
まだまだ楽しい怪談ライフがぼくを待っています。
だから皆さんも是非、怪談社に入社してくださいね。
ちいさな厭なことなんて忘れて、大きな楽しいことを考えましょう！
かいだんしゃ、やっぱり最高。
しやなさんも上間さんもスタッフの方々も優しいです。
つぎの書籍でまたお逢いしましょう！　ではまた！

暗号を含めた冬紅葉より　伊計翼

初出

※改題及び加筆修正しています。

信念の話	書き下ろし
初夢の話	書き下ろし
訪問する赤子	終の章「深夜のノック」改題
マジカルな話	書き下ろし
素敵な店のお話	書き下ろし
溺れたときの話	書き下ろし
先生	終の章「ヒマ覗き」改題
指先の脳	終の章「触れました」改題
旧友＋もうひとり	辛の章「来客」改題
大差ない話	書き下ろし
ドブ川の化け物	辛の章「長屋町」改題
霊を乗せた車	壬の章「寒い」改題
兄の旅立ち	辛の章「薬」改題
遊郭の話	書き下ろし
介護殺人	壬の章「怒らないで」改題
不幸の道	壬の章「あの道」改題
怪談本	壬の章
マジックハンド	壬の章
追憶の少女	壬の章「窓際の」改題
東北の囲炉裏	終の章「あったかい」改題
重なった話	書き下ろし
音のない夏	終の章「夏」改題
狂夫の話	書き下ろし
白髪の妙	壬の章「髪の毛」改題
窓からの指示	終の章「開けて」改題
ヘビと会話	辛の章「挨拶」改題
静かな家族	終の章
バチ不認識	終の章「バチ」改題

ジュゴン	終の章
来訪者と呑んだ話	書き下ろし
骸骨の話	書き下ろし
御札探し	壬の章「ニコニコ」改題
親戚の話	書き下ろし
ぬいぐるみの話	書き下ろし
自由になった話	書き下ろし
山怪の話	書き下ろし
わかりあえる話	書き下ろし
同じ屋根の下の話	書き下ろし
妹が来る話	書き下ろし
椿が落ちた話	書き下ろし
雫が落ちる話	書き下ろし
殺処分の話	書き下ろし
不思議な布	辛の章「暴動」改題
寺火事の話	書き下ろし
おったんや	壬の章「親父がいた」改題
強要された話	書き下ろし
最高傑作	辛の章「笑顔と装置」改題
隣人の騒音	壬の章「苦情」改題
神隠し譚	辛の章「隠し禄」改題
決心した話	書き下ろし
黒い雨	終の章「ブラックレイン」改題
スズキアイコ	終の章
火を飛ばす	終の章「甘い虎」改題
腐らない話	書き下ろし
推し様への話	書き下ろし
生焼けの子ども	壬の章「老女の悔恨」改題
変な貼札の話	書き下ろし
便利屋がいた話	書き下ろし
優しくない話	書き下ろし
廃校の怪談	辛の章「廃校」改題
憐れな君に贈る話	書き下ろし

怪談社THE BEST 鬼の章

2023年1月3日　初版第1刷発行

著者……伊計 翼
デザイン・DTP……荻窪裕司(design clopper)
編集……Studio DARA

発行人……後藤明信
発行所……株式会社 竹書房
〒102-0075　東京都千代田区三番町８－１　三番町東急ビル６F
email：info@takeshobo.co.jp
http：//www.takeshobo.co.jp
印刷所……中央精版印刷株式会社